如何让孩子更出色

——孩子要养成的7种优点

潘鸿生◎编著

北京工业大学出版社

图书在版编目（CIP）数据

如何让孩子更出色：孩子要养成的 7 种优点 / 潘鸿生
编著. —北京：北京工业大学出版社，2017.10
ISBN 978-7-5639-5540-4

Ⅰ. ①如…　Ⅱ. ①潘…　Ⅲ. ①养成教育　Ⅳ.
①G40-012

中国版本图书馆 CIP 数据核字（2017）第 204808 号

如何让孩子更出色——孩子要养成的 7 种优点

编　　著：潘鸿生
责任编辑：宫晓梅
封面设计：天之赋设计室
出版发行：北京工业大学出版社
　　　　　（北京市朝阳区平乐园 100 号　邮编：100124）
　　　　　010-67391722（传真）　bgdcbs@sina.com
出 版 人：郝　勇
经销单位：全国各地新华书店
承印单位：香河利华文化发展有限公司
开　　本：787 毫米 ×1092 毫米　1/16
印　　张：18
字　　数：253 千字
版　　次：2017 年 10 月第 1 版
印　　次：2017 年 10 月第 1 次印刷
标准书号：ISBN 978-7-5639-5540-4
定　　价：35.00 元

前　　言

　　每位家长都希望自己的孩子成长为优秀、出色的孩子，长大后有所作为，这就需要从小养成人性的优点，这是走向成功的基本要素。本书从以下7个大的方面对此进行了详细的阐述。

　　品德优点。优秀的品德是个人成功最重要的资本之一，是人最核心的竞争力。一个孩子只有拥有良好的道德品质，才能拥有积极向上的精神面貌，才能为将来的人生发展打下一个良好的基础。

　　性格优点。"性格决定命运，命运决定人生。"从这句话中我们可以看出性格对一个人的影响是非常大的，青少年时期孩子性格的培养更是至关重要。有什么样的性格，就会有什么样的人生，好的性格不仅能让人坦然积极地面对逆境，还能让人想尽一切办法克服逆境。

　　行为优点。好的行为是我们素质的体现，若拥有了好的行为习惯，那我们就拥有了世界上最为宝贵的精神财富。

　　心态优点。成才不仅需要健康的体魄和聪明头脑，更需要一个良好的心态。好心态可以使人自信、快乐，充满朝气和力量；坏心态却使人丧失主动性、进取性，让人变得颓废、冷漠和平庸。

习惯优点。播下一个行动，收获一种习惯；播下一种习惯，收获一种性格；播下一种性格，收获一种命运。习惯可以决定一个人的命运。一个人如果养成了好的习惯，其行为就会具有自觉性，并内化成一种根深蒂固的高尚品格，这种品格会贯穿于人的一生，有了这种品格，无论是学习、做人、做事，还是社会交际，我们都会取得令人满意的成绩。

处世优点。处世是人生的必修课。掌握了处世的方法，人生才能达到无往不利、左右逢源的高超境界。所以，要有善于沟通、懂礼貌、尊重别人、宽容别人、善于合作等人性的优点。

进取优点。进取是成功人士必须具备的品质。一个人若想过得充实、有意义，就应该奋发图强、努力进取、追求梦想，创造辉煌的明天，让自己的生命绽放出七彩光芒。

想要做个优秀出色的孩子，从此刻起就要有意识地改变自己！

本书以质朴真切的语言、活泼生动的故事对孩子要养成哪些优点、如何养成进行了详细的阐述，没有任何生硬的说教，让孩子在阅读过程中，体会做人、做事的道理，帮助孩子认真走好人生中的每一步。

目　　录

第三章　行为优点：好行为才能带来好结果

第四章　心态优点：让内心充满正能量

第五章　习惯优点：习惯好，才是真的优秀

如何让孩子更出色
——孩子要养成的 7 种优点

第一章 品德优点：
好品格乃立世之基

诚实守信是做人的第一品牌

诚信的潜力

欺人只能一时，而诚信才是长久之策。

——约翰·雷

国际知名的房地产商乔治在叙说他早年的经历时，讲过他开始从事房地产交易事业时发生过的一件事：有一栋房子经由他手出售，房主曾经告诉过他这栋房子整个骨架都很好，只是房顶太老了，入住当年就得翻修。

乔治第一次领去看房的顾客是一对年轻夫妇。他们说准备买房的钱很有限，很怕超支，所以想找一处不需要怎么修理的房子。他们看了之后，一下子就喜欢上了那所房子，想要马上搬进去住。这时，乔治对他们讲，这栋房子需要花7000美元重修屋顶。

乔治知道，说出这栋房子屋顶的真相要冒风险，这笔生意会有可能因此做不成。果然，他们一听修屋顶要花这么多钱就不肯买了。一个星期之后，乔治得知他们在另外一家房地产交易所花了较少的钱买了一栋类似的房子。

乔治的老板听说这笔生意被别人抢走了，非常生气。他把乔治叫到办公室，问他是怎样丢掉这笔生意的。乔治把事情的原委告诉了老板。

老板对乔治的解释很不满意，也不高兴他为那一对夫妇的经济条件操心。"他们并没有问你屋顶的情况！"他咆哮着说，"你没有必要讲出屋顶要修，主动讲出这个情况是愚蠢的！你要对此事负责！"于是，他便把乔治

如何让孩子更出色
——孩子要养成的 7 种优点

解雇了。

假若乔治是个失败者的话，他当时会想："我把实话告诉了那对夫妇，真是做了傻事，我为什么要为别人操心呢？我再也不会像那样多嘴把工作丢掉了。我可真笨！"

但是，乔治一直受到的教育是要说实话。他的父亲总是对他说："你同别人一握手，就算是签了合同，你的话就得算数。如果你想长期做生意，就得对人真诚。"所以，乔治最关心的是他的信用，而不是钱。他当时虽然想要把那所房子卖掉，但是绝不能因此而损毁自己的声誉。即便丢掉了工作，他仍然坚信自己把所有真相统统讲出来的做事准则是正确的。

此事之后，乔治向他曾经帮助过的一位亲戚借了些钱，搬到了加利福尼亚州，在那里开了一家小小的房地产交易所。过了几年，他以做生意公道和讲老实话出了名。这样做虽使他丢了不少生意，但是人们都知道了他靠得住。最终，他赢得了好名声，生意很兴隆，他还在全国各地设置了营业点。现在，乔治已成为全美第三大房地产公司的总裁。

【心灵悟语】

诚信是一种习惯、一种美德，它显示出一个人的高度的自重和内心的安全感与尊严感。作为成长中的青少年，我们必须要养成诚实守信的好习惯。要知道，为人处世，诚信是第一位。不讲诚信是难以在社会上立足的。

买啤酒的少年

信用是难得易失的，费十年工夫积累的信用，往往会由于一时的言行而失掉。

——池田大作

早年，喜马拉雅山南麓很少有外国人涉足。后来，许多日本人到这里观光旅游，据说他们都是冲着一位诚信少年来的。

几十年前的一天，几位日本摄影师请当地一位少年代买啤酒，这位少年为之跑了3个多小时。

第二天，那个少年又自告奋勇地替他们买啤酒。这次摄影师们给了他很多钱，但直到第三天下午那个少年还没回来。于是，摄影师们议论纷纷，都认为那个少年把钱骗走了。第三天夜里，那个少年敲开了摄影师的门。原来，他在一个地方只购得了4瓶啤酒，于是，他又翻了一座山，蹚过一条河才购得另外6瓶，返回时摔坏了3瓶。他哭着拿着碎玻璃片，向摄影师交回零钱，在场的人无不动容。这个故事使许多人深受感动。后来，到这儿的游客就越来越多了。

【心灵悟语】

诚信是人们公认的做人准则。要想获得别人的信任，我们就必须做到恪守承诺。在做出每一个承诺之前，必须慎重考虑。一经承诺，便要负责到底。即使中途有困难，也要坚守承诺。当我们这样做之后，我们得到的便是别人的信任。

奖赏诚实

诚实是力量的象征，它显示着一个人的高度自重和内心的安全感与尊严感。

——艾琳·卡瑟

46岁的保琳·尼科，曾是一个批发仓库的保管员。她的丈夫——44岁的汤姆，过去是一个百货批发商。后来，他们失业了，他们俩与儿子约森艰难度日。因为还不起贷款，他们随时都可能失去他们的汽车。

这年冬天的一天，保琳在洛杉矶郊外布纳公园的林荫道上捡到一个票夹子，夹子里装有一张信用卡，一张去英格兰的飞机票，还有2400美元。

如何让孩子更出色
——孩子要养成的 7 种优点

"当时我想把其中的钱拿走，"保琳后来回忆道，"但这仅仅是一闪念。"与此相反，她把票夹子里面的所有东西交到了附近的一个警察局，最后，票夹子的主人被找到了。保琳的诚实品质很快就被披露了出来，一个慈善组织对她进行了表彰和奖励。

保琳得到了一笔不菲的奖金，她还得到一间住宅公寓为期6个月的免费居住权。一位不知名的捐款者还定期为他们支付汽车费用。另有一些人馈赠她现金。一对年事已高的夫妇还到保琳交票夹子的警察局，询问票夹子里曾有多少钱。当他们被告知确切数额后，那位先生说："这也就是他们应该得到的数目。"说完签了一张2400美元的支票寄给了保琳。

在一个新闻发布会上，泪流满面的保琳说："这件事对我们来说简直不可思议，我们所得到的馈赠远远超过了票夹子里的东西的价值。"

【心灵悟语】

诚实是人心灵纯净的折光。一个诚实的人，即便他并不想去发什么财，财富也会不请自来。

诚实是一种优良的品德，它与谎言格格不入，与欺骗无缘，诚实会赢得他人的信赖。拥有诚实的品德的人才能在人生道路上畅通无阻地奔向成功。一个人，怀揣了诚实，也就怀揣了生命的黄金。

诚实的考核

对人以诚信，人不欺我；对事以诚信，事无不成。

——冯玉祥

陈强大学毕业前夕，去人才市场找工作。一家服装公司招4名市场调研员。基本要求是：口才好，文笔好，能吃苦耐劳，最好还要有两年以上工作经验。陈强口才一向不错，文笔也没有问题，大学4年，他做了3年校报主编，文章发了100多篇。吃苦耐劳，这是农家孩子的本色，但陈强就是缺少工作经验。他很喜欢这份工作，不想就这么放弃了，于是就填好一张表格交了上去。

随后的笔试、面试都顺利过关。最后一关是实践测试，公司发给经层层筛选剩下的20个人每人10份调查表，给一个星期的时间去搞调查，在一周之内，谁完成的调查表又多又好，谁就会被录取。

陈强调查起来才发现，这实在不是一件容易的事。因为调查表的内容非常详细，细到让人不耐烦的地步，一些数据还涉及几年前的销售情况。结果被调查的人一翻那份厚达七八页的调查表，就直皱眉头，大都以"实在太忙"予以婉拒。

陈强辛辛苦苦地跑了4天，也只做好了两份调查表。剩下几天，他跑得更加卖力了。有一家服装商厦，他连跑了3趟，但留在那里的调查表还是空白的。那位商厦经理深受感动，就好心对他说："我现在实在是没有时间。这样吧，我给你的调查表盖上章，数据你回去自己填，反正也没人知道，怎么样？"他一想，这倒是个好办法：大部分的单位，求其盖个章也不是很容易的。至于数据，照着那份填好的调查表，改动一下就是了。但陈强又一想：不行！这样一来，调查表也就失去了任何参考价值。考虑再三，他最终还是谢绝了那位经理的好意。

期限到了，陈强拿着3份调查表去交差，而其他人则拿了厚厚一沓调查表。看来，这份工作是没有希望了，想着自己前面的努力都将前功尽弃，陈强真有点后悔当初没听那位经理的话。

但是出人意料的是，3天后，那家公司打电话来通知陈强，他被正式录用了。

一位中年人事经理在办公室等待前来报到的陈强。他拍着陈强的肩膀说："所有人之中，只有你一个人没有工作经验。但我还是给了你一次机会。你们交回调查表后，公司马上就派人去核实，你们的工作会直接影响公司的营销策略，容不得半点虚假。"最后，他意味深长地对陈强说："你要记住，无论干什么，一个不诚实的人是永远没有前途的。"

如何让孩子更出色
——孩子要养成的 7 种优点

【心灵悟语】

诚实是一种可贵的品质，一个人只有诚实可信，才能够建立起良好的信誉，才能获得别人的真诚对待。在这个复杂的社会，你越是诚实可信，人们越会认为你难得，越喜欢与你交往和相处。诚实不需要华丽的辞藻来修饰，不需要甜言蜜语来遮掩，它是生命的原汁原味，它是天地之间的一种本真和自然。

培养优点小贴士：如何做一个诚实守信的人

1.恪守诚信

对自己讲的话承担责任和义务，言必有信，一诺千金。答应他人的事，一定要做到。同他人约定见面，一定要准时赴约。上学或参加各种活动，一定要准时赶到。

2.不轻易许诺

要知道，许诺是非常慎重的行为，对不应办或办不到的事情，不能轻易许诺，一旦许诺，就要努力兑现。我们如果失信于人，就等于贬低了自己。如果我们在履行诺言过程中情况有变，以致无法兑现自己的诺言，我们就要向对方如实说明情况并表示歉意。

3.给自己定下奖励和惩罚制度

时常反思一下自己的行为是否做到了诚信，如果做得好就要适当地奖励自己一下，反之，则惩罚自己一下。

4.请周围的人帮忙监督

生活中，你可以请父母、同学、朋友一起监督并帮助你养成诚信的好习惯。

坚持原则，固守道德底线

做人要坚持原则

人的自由并不仅仅在于做他愿意做的事，而在于永远不做他不愿意做的事。

——卢梭

魏晋时期的竹林七贤，在历史上留下美谈，其中的嵇康就是个坚守原则的人。

嵇康曾经在魏朝担任过一个小官，虽然官小权小，但是他却不畏恶势力，一身正气。嵇康对当朝的权贵司马集团很是厌恶，羞于与他们同朝为官，因此退官还乡，过起了隐居的田园生活。

他的好朋友山涛写信劝他，不要冲撞司马集团，对他们的行为，只要睁一只眼闭一只眼，就可以稳稳当当地做自己的小官，平平安安地生活。不然的话，很可能受到迫害，遭遇不测。

嵇康看到山涛的信后非常生气，他认为男儿生于天地间，做人要有自己的原则，不能俯首哈腰地附和那些贪官污吏，要有自己的骨气，恶人、恶事决不可迁就。他把自己的想法如实写进回信中，并由此与山涛断绝朋友关系。

当他把这封信给自己的另一位好友阮籍看时，阮籍竟被他不与贪官污吏同流合污的气节感动得热泪盈眶。阮籍称赞他是与邪恶势力格斗的真正勇士，而且他同样为山涛的没有骨气而抱憾不已。

如何让孩子更出色
——孩子要养成的 7 种优点

由于嵇康的疾恶如仇，不肯与司马集团合作，不久便被司马昭以"轻时傲世，乱群惑众"的罪名处死。

在嵇康临刑之时，他还气定神闲、视死如归地弹奏了一曲流传千古的古琴名曲——《广陵散》。这首绝世之作音调激越，久久回荡在刑场的上空，至今为正人君子们所慨叹。

【心灵悟语】

做人要有原则，原则就是为人处世的底线。没有底线也就没有做人的标尺，失去了标尺，前进便会没有目标，后退便会乱了方寸。

生活中，诱惑无处不在，但关键是如何把握、如何修正自己的言行，及时回到自己的道德准则上来，固守住自己的道德底线。社会需要的是真真切切、实实在在，不负自己原则和底线的人。

麦克拉斯博士的选择

良心是一种根据道德准则来判断自己的本能，它不只是一种能力，还是一种本能。

—— 康德

麦克拉斯博士是美国极负盛名的心脏移植专家。有一次，他所在的医院同时接收了两名需要换心脏的病人。一个名叫弗尼斯，是总统的高级顾问；另一个叫坎贝尔，是一个花匠。如果没有合适的心脏替换，两个人必死无疑。

病人是否有资格接受心脏移植手术，还需进行一系列的常规检查。对两名病人做了相应的检查后，麦克拉斯发现，弗尼斯身体由于受心脏的影响，肾脏和肝脏的受损程度已超过了标准，而坎贝尔的受损程度没有超过标准。肾脏和肝脏的受损程度如果超过一定的标准，就不能进行心脏移植手术。他决定首先通过积极治疗，恢复弗尼斯肾脏和肝脏的功能，以达到心脏移植所规定的要求。

一晃3个月过去了，弗尼斯和坎贝尔离死神越来越近，但还是没有找到适合他俩的心脏。而最让麦克拉斯感到担忧的是，虽然经过3个月的治疗，弗尼斯的肾脏和肝脏功能并没得到多大的恢复。

正当弗尼斯和坎贝尔的生命之火渐渐熄灭的时候，从美国全国心脏服务中心传来消息，在800英里（1英里≈1.6公里）之外洛基山旁的一个小村庄，有一个年轻人因车祸意外死亡。据送来的资料表明，这个年轻人的身材和弗尼斯与坎贝尔相仿，而且血型相同。

听到这个消息后，麦克拉斯坐在桌前陷入沉思，他反复翻阅放在他面前的两份病历，谁先做？弗尼斯还是坎贝尔，坎贝尔还是弗尼斯，选择一个就相当于给另外一个判了死刑，这太残酷了。他知道如果救活了弗尼斯，那会给他们这个医院以及他本人带来巨大的好处，毕竟弗尼斯是一个有影响的人物。而坎贝尔只是一个花匠，一个无足轻重的人物，即使不治而死，对医院和他本人也没多大影响。但弗尼斯的身体状况达不到心脏移植手术的要求，如果给他移植，最多也只能活一年半载的，而坎贝尔可以靠这颗心脏多活10年，甚至20年。想到这里，麦克拉斯使劲地摇了摇头，不，不！这是一名医生的良心所不容的。怎么办？作为一名心脏移植专家，麦克拉斯素以雷厉风行、大胆果断著称。而这在外人看来非常简单的决定，却难住了麦克拉斯，他正面临严峻的挑战。选择良心，他将失去一切；放弃良心，他将拥有一切。

晚上8点30分，再有3个半小时，负责运送心脏的医疗小组就要回来了。时间紧迫，麦克拉斯做出了自己的决定，当他把决定告诉院长时，院长高声叫道："你知道你这个决定对这家医院、对国家，甚至对你个人的前途会产生什么样的后果吗？"

"我知道，我们已对弗尼斯进行了最好的治疗，可惜他的身体状况并没达到手术的要求。我是一名医生，不是一名政治家，对任何病人我一视同仁，不管他的身份贵贱。现在，我的职责就是让极其宝贵的心脏能在病人体内最好地发挥作用，让病人活得更长，所以我选择了坎贝尔。"麦克拉斯直视着院长回答着，字字句句斩钉截铁，掷地有声。"你不能这么做，你简直疯了，你犯了一个大错误。我已经答应白宫了，你叫我怎么向他们解释？"院长声嘶力竭地喊起来。

"我会向他们解释一切，并承担一切后果，"麦克拉斯拿起电话，"通知坎贝尔，他今晚深夜1点开始进行手术。"生命之光将在坎贝尔身上重现。

一个月后，弗尼斯那颗疲惫不堪的心脏停止了跳动。弗尼斯的死成了一条轰动全国的新闻，医院董事会迅速做出了解雇麦克拉斯的决定。麦克拉斯早就料到会有这样的结局，但他对自己的决定并不后悔。尽管失去了一切，但他却在巨大的压力下，始终坚持住了自己行医的准则：公正和良心。

【心灵悟语】

无论是做人，还是做事都要有底线，这个底线就是起码的良心。这个世界上很多事情可以用钱来解决，但也有很多事情是钱解决不了的。很多东西可以卖，但良心不能卖，这就是做人的底线。

现代社会，我们有太多的优良品质被物质的洪流所吞噬。在利益的诱惑下，一切道德都成了纵欲的累赘，于是，有些人索性将其彻底地抛弃，从身体到心灵全方位地堕落和糜烂。但是，正直的人是绝不会这样做的，他们守住道德的底线，坚守自己的原则，用自己的精神力量潜移默化地影响着人们的道德观和思想方向。

正直的考验

要正直地生活，别想入非非！要诚实地工作，才能前程远大。

——陀思妥耶夫斯基

在一所大医院的手术室里，一位年轻护士第一次担任责任护士。"大夫，你取出了11块纱布，"她对外科大夫说，"我们用了12块。"

"我都已经取出来了，"医生断言道，"我们现在就开始缝合伤口。"

"不行。"护士抗议说，"我们还有一块纱布没取出来。"

"由我负责好了！"外科大夫严厉地说，"缝合。"

"你不能这样做！"护士激动地喊道，"你要为病人负责！"

大夫微微一笑，举起他的手让护士看了看这第12块纱布。

"你是一位合格的护士。"他说道。

原来，大夫在考验她是否正直，而她具备了这一点。

【心灵悟语】

做人最基本的一条准则就是正直。它是做人的一种美德，正直意味着自己具有很强烈的道德感，并且高标准地要求自己，随时准备服从自己的良知，勇于坚持自己的信念，在需要的时候义无反顾，不计较自己的利益得失，站出来表达自己的意见。

正直的人，实际上意味着他有某种内在的约束力。一个人的一言一行、一举一动都反映着他的个性。正直有时可以创造出神奇的力量，这种力量是成功的基石。

见义勇为的战士——徐洪刚

要是一个人的全部人格、全部生活都奉献给一种道德追求，要是他拥有这样的力量，一切其他的人在这方面和这个人相比起来都显得渺小的时候，那我们在这个人的身上就看到了崇高的善。

——车尔尼雪夫斯基

1993年8月17日，身为济南军区某红军团通讯连中士班长的徐洪刚从家乡返回部队。当他乘坐的大客车行至四川省筠连县巡司镇铁索桥附近时，车内的几个歹徒突然向一名青年妇女强行勒索钱物。当被拒绝后，歹徒一边对妇女要流氓，一边把她往飞速行驶中的车外推。此刻，在角落里打盹儿的徐

如何让孩子更出色
——孩子要养成的 7 种优点

洪刚被惊醒了。见此情况，徐洪刚冲上去，大吼一声："住手，不许这样耍横！"

歹徒看到有人干预，气焰更加嚣张，继续把那位妇女往车外推。徐洪刚一脚把后面的一个歹徒踢得不停地后退，又狠狠一拳打在另一个家伙胸口上。不料，从后面又蹿出两个家伙，一个抱住徐洪刚的腿，一个死死地卡住他的脖子。最先挑衅的那个姓任的家伙掏出匕首，向徐洪刚胸口猛刺一刀。在这生死关头，徐洪刚只有一个念头：和他们拼了！狭窄的车厢里，拳脚施展不开。四个歹徒把他团团围住，穷凶极恶地挥刀猛刺徐洪刚的胸、背、腹……鲜血染红了他身上的迷彩服，也染红了座椅、地板。肠子从受重伤的腹部流出。司机把车刹住。歹徒纷纷逃窜。此时，身中14刀，肠子流出体外达50厘米的徐洪刚，奇迹般地用背心兜住了露在外面的肠子，紧跟着跳下车来，用全部的力气往前追了50多米，然后一头栽倒在路旁。英雄救人民，人民爱英雄。每天前往医院探视英雄的人成百上千。县公安局出动精悍队伍，在很短时间内将4名罪犯全部抓获归案。

见义勇为的英雄战士徐洪刚，在人民生命财产受到严重威胁的关键时刻，置个人生死于不顾，挺身而出，同犯罪分子进行斗争，用鲜血和生命谱写了一曲军民共建社会主义精神文明的时代正气歌。

【心灵悟语】

分清是非，心怀正义，与不良现象做斗争，是社会对每个公民的基本要求。当非正义的事情发生时，一个有正义感的人会见义勇为、伸张正义。

正义感是一种社会责任感，是一种高尚的情操和优良的品德，体现了人们崇尚正义、追求公平的美好愿望。《墨子·天志下》中说："义者，正也。"可见，义就是做应该做的事，坚持正确的道路和原则。具有正义感的人，会锄强扶弱，打抱不平。

正义是人类良知的声音，社会需要正义。正义可能会迟到，但绝不能缺席。

培养优点小贴士：如何做一个正直的人

1.坚持原则

有原则的人才能称得上正直。一个人的力量有大有小，但重要的是要有自己的原则，心里要有把尺，坚守自己的底线。人可以不高尚，但不能无耻；可以不伟大，但不能卑鄙。所谓原则，所谓底线，就是知道什么该做、什么不该做，有所为和有所不为。

2.襟怀坦荡

若一个人做人坦坦荡荡，做事光明磊落，心中毫无邪念，心里有正气，弘扬真善美，那么这人在现实生活中，就能举止端庄，言行正派，心正不怕影子斜，脚正不怕鞋子歪。所以，想要为人正直，我们必先要做到磊落光明、刚直无私、主持正义。

3.效仿榜样

榜样的力量是无穷的。把品德优良、道德高尚的模范人物作为自己的榜样，努力效仿，从小事做起，循序渐进、不懈追求、积极进取，以培养自己的正义感。

4.反省自己

通过反复反省以发现和找出自己思想中的不良念头和行为上的不良习惯，并坚决改掉所发现的不良的念头和习惯。只有坚决改正自己在思想、道德和行为上存在的缺点，我们才有可能在实践中不断完善自我。

5.慎独自律

慎独是指在个人独处、无人监督时，也坚守自己的道德信念，自觉按道德要求行事，不做任何违背道德的事。

常怀感恩之心，常念相助之人

撤销资助的富商

生活需要一颗感恩的心来创造，一颗感恩的心需要生活来滋养。

——王符

　　有一个富商同时资助了5个贫困中学生好长一段时间。后来贫困生突然收不到每个月给他们的资助费了，原来富商的公司遇到了财务危机，而且马上就要破产了，所以富商没有办法再继续资助他们了。富商很沮丧，而且觉得自己很失败，同时也因自己不能继续帮助这些孩子而感到悲伤，更对没有一个孩子关心他现在的情况而感到失望。

　　又过了一段时间，因为失去了富商的赞助，这5个原本幸运的孩子又开始了原先窘迫的生活，他们不知道为什么这位好心的叔叔不肯再继续资助他们了，再后来听说那个富商只继续资助他们5个孩子之中的一个孩子了，这5个之中的另一个孩子着急了，他多么希望幸运的光环再次降临到自己的头上，所以他顾不得心里的忐忑给那位富商打了一个电话，当电话里传来富商那和蔼可亲的声音时，孩子问道："您能继续资助我吗？我真的很需要您的帮助！"富商在电话那边沉默了半分钟说道："孩子，你有没有想过为什么我再次资助了另一个孩子而没有再次资助你？当我心情最低落的时候，我以为我再也不能够东山再起了，可是我接到了一通意外的来电，就是那个我再次资助的孩子打给我的，他在电话中说不知道我是因为什么原因不能再继续资助他们下去了，但是他还是很感谢我这些年来对他的帮助……后来我又重新打起精神，事业也在我不断的努力下起死回生，所以当我又有能力的时候，我决定继续资助这个孩子，至于你们，我只能说抱歉，因为我不能再帮助一些永远不知道感恩而只知道一味索取的人。"是呀，他从来都只知道接受富商每个月的赠予，从来不曾想过要感谢别人的这份爱心，自己接受得理所当然，就算是后来收不到钱了，自己也没想过是什么原因富商不再资助自己了，从没有关心过这个问题。听到这里，这个孩子无比羞愧，脸红地放下了电话。

【心灵悟语】

俗话说"滴水之恩，当涌泉相报""投之以桃，报之以李"。然而现在，我们也不得不承认这样一个事实：知道感恩的人越来越少了。

感恩是一种对恩惠心存感激的表示，是每一位不忘他人恩情的人萦绕心间的情感。学会感恩，是为了擦亮蒙尘的心灵而不致麻木，学会感恩，是为了将无以为报的点滴付出永铭于心。常怀感恩之心，我们便能够无时无刻地感受到生活的幸福和快乐。

感谢信

人家帮我，永志不忘；我帮人家，莫记心上。

——华罗庚

在美国西部的一家旅馆里，杰克在大堂的餐厅里就餐时，发现自己的右前方有3个孩子在餐桌上埋头写着什么。

杰克觉得挺好奇，便友好地和他们打招呼，并问他们在做什么。3个孩子中最大的一个对他说："我们正在写感谢信。"他的回答让杰克非常诧异。

于是他接着问道："你们的感谢信是写给谁的呢？"

"我的是写给妈妈的。"另一个孩子回答。

杰克觉得更奇怪了："为什么要一大早就给妈妈写感谢信？"

如何让孩子更出色
——孩子要养成的 7 种优点

　　"我们每天都写，这是我们每日必做的功课。"孩子回答道。

　　每天都写感谢信！杰克觉得不可思议。杰克禁不住凑过去看了一眼他们每人面前的那沓纸。老大在纸上写了八九行字，小一点的写了五六行，最小的只写了两三行。

　　再细看其中的内容，却是诸如"昨天的晚饭很香""感谢妈妈昨晚给我讲了一个很有意思的故事""感谢妈妈每天送我上学""哥哥主动把他的玩具让给我了"之类的简单语句。原来他们写的感谢信不是专门感谢妈妈的，而是记录他们幼小心灵中感觉幸福的一点一滴。他们也许还不知道什么叫"大恩大德"，却明白对每一件美好的事物都要心存感激。他们感谢母亲辛勤的培养，感谢同伴热心的帮助，感谢兄弟姐妹之间的相互理解。他们对许多我们认为理所当然的事都怀有一颗感恩的心。

【心灵悟语】

　　感恩，是一种歌唱生活的方式，它源自人对生活的真正热爱。感恩之心足以稀释你心中的狭隘和蛮横，更能赐予你真正的幸福与快乐。心存感恩，你就会感到幸福。

　　对我们来说，学会感恩，就会善待自己，更好地生活；学会感恩，就会懂得宽容，不再抱怨，不再计较；学会感恩，我们便能以一种更积极的态度去回报我们身边的人；学会感恩，我们会抱着一颗感恩之心，去帮助那些需要帮助的人；学会感恩，我们会摒弃那些阴暗自私的欲望，使心灵变得澄清明净。

感谢你的对手

　　同我们角斗的对手强健了我们的筋骨，磨炼了我们的意志，我们的对手就是我们的帮手。

——埃德蒙·伯克

清朝皇帝康熙在位61年，伟业无数，开创康乾盛世的大一统局面。他在晚年说自己最要感谢的是鳌拜、郑经、噶尔丹、吴三桂，因为他们的强大让自己从未放松过警惕，让自己变得更强。这是多么豪迈的气概，真正的王者会张开双臂去拥抱竞争者，在竞争中，磨炼自己的意志，书写着强者的荣耀。

乔治·巴顿中校是美国陆军史上最优秀的坦克防护装甲专家之一。1988年，巴顿接到国防部的紧急命令：研制MIA2型坦克防护装甲。这是一种新型的高端武器，为了使研制出来的装甲性能更高、质量更好，巴顿请来了一位特殊的帮手——毕业于麻省理工学院的工程师迈克·马茨。但巴顿请马茨来，并不是要他和自己一起做研究，而是要他来搞破坏。因为马茨是著名的破坏力专家，在军事领域，他们俩简直就是"死对头"。两人各带着一个研究小组，巴顿带的是研制小组，主要负责装甲的研制和防护，而马茨带的则是破坏小组，专门负责摧毁巴顿研制出来的装甲。

起初，巴顿研制出的装甲，总能被马茨轻而易举地炸坏。每当坦克被炸坏后，巴顿就会找马茨交流，分析失败的原因，找寻问题的根源，以便在下一次研制中寻找破解的方法。巴顿一次次绞尽脑汁地去设计，马茨一次次想方设法地去破坏，然后两人再商讨改进的方法。终于有一天，马茨使尽浑身解数破坏防护装甲，甚至直接将爆炸药裹在防护装甲上引爆也未能摧毁防护装甲，巴顿当即兴奋地宣布：MIA2型坦克防护装甲研制成功。直到现在，这种坦克防护装甲仍然在使用。巴顿与马茨这对"对手"，也因为这项发明而共同赢得了象征着美国军事科研领域最高荣誉的"紫心勋章"。

事后，有记者问巴顿取得成功的秘诀时，巴顿笑着说："我取得成功的一个重要原因，就是我有一个强大的对手。以强手为对手，是让自己取得成功的最有效的捷径，如果成功有捷径的话。"事实证明，巴顿的选择是正确的，因为他的聪明和睿智，把最强大的对手变成了最好的助手，从而获得了巨大的成功。

【心灵悟语】

真正使我们进步的，常常不是朋友，也不是顺境，而是那些和我们针锋相对的竞争对手。从这个意义上来讲，也说明我们的确应该对对手心存感激。

感恩对手，是因为他的存在让我们看到了自身的不足。没有对手的相伴，我们将缺少危机意识；没有对手的拼搏，我们将难以激发旺盛的斗志；没有对手的提醒，我们常常会丧失进取之心。感恩对手，是他的存在让我们拒绝了平庸。人的价值，是靠对手来证明的，所以我们要感恩对手。

感谢对手吧！是他们激发了你的潜能，激励你不断进步，迫使你奋勇前进、勇攀高峰！

感谢你自己

感谢是美德中最微小的，忘恩负义是恶习中最不好的。

——英国谚语

2004年8月28日，刘翔在雅典奥运会男子110米栏决赛中，以12秒91的成绩获得了冠军，平了由英国选手科林·杰克逊1993年创造的世界纪录，打破了12秒95的奥运会纪录。这枚金牌是中国男选手在奥运会上夺得的第一枚田径金牌。之后，刘翔又在2005年取得了一系列比赛的冠军。2006年，刘翔一举夺得中国体育十佳劳伦斯冠军奖最佳人气运动员奖和最佳男运动员奖两项大奖，他获奖后感慨地说："能拿到这样的奖我最感谢自己，2005年能有这么好的表现是自己的努力所至，我希望在2006年能更加努力。"

有一位农夫拉着一车沉重的稻草来到陡坡前，他望着陡坡停住了脚步，他认为单凭自己的力量是上不去的，必须有人帮助才行。恰巧，有一个过路人笑着对农夫说："别急，我来帮你！"说着便卷起袖子，摆出一副推车的架势。农夫觉得自己有了底气，便在前面使劲拉车，过路人一边在后边推，一边大声喊："加把劲儿，加把劲儿！"经过一番努力，农夫终于把车拉上了大坡。

　　他充满感激地说："谢谢你啊，好心人！"那位过路人却不好意思地说："不用谢我，还是谢谢你自己吧。我患有小儿麻痹，手没有力气，只是在旁边为你喊加油而已。你完全是靠自己的力量把车拉上来的！"

【心灵悟语】

　　一个人其实最应该感谢的就是自己，自己如果没有在主观上的努力，无论别人客观上怎么去帮助你，都是没有用处的，只有你自己不断努力，然后再加上来自外界的推动作用，你才能走向成功，所以最应感谢的还是你自己。

　　感谢自己，是对自己能力的一种肯定，也是对自己的一种激励。感谢自己，感谢自己的努力。一分耕耘一分收获，走过了辛勤播种的春天，终于迎来了这个收获的季节。要不是自己曾经的努力，哪来今天的硕果累累？

　　我们经常被告诫，要学会感恩。于是，当我们受到一点赞扬或是取得一点成绩时，总是在不断地或有意，或无意，或真心，或违心地感谢师长，感谢父母，感谢亲朋……的确，有太多的人给予我们帮助，我们要感谢的人自然很多。感谢他人似乎已经成了一种习惯，但我们却从来不曾想过感谢自己。

　　感谢自己是自己给自己喝彩，感谢自己是为了给自己鼓劲。感激自己，才能让我们在感激中产生一种回报自己的强烈愿望。感恩自己，是自己对自己的一次虔诚的祝福、一次真挚的问候；感恩自己，是自己对自己的一次心灵和灵魂的升华、净化；感恩自己，是自己对自己的一次零距离、零空间的对话，一次自我反省、自我检阅的接触。懂得感恩自己的人，日后更懂得感恩他人！

　　在生活中要感谢很多人，但我们千万别忘了：感谢自己。

培养优点小贴士：如何做一个懂得感恩的人

1.用感恩的心去生活

生活赋予了我们很多东西，比如阳光、生命、成长、经历、亲情、友情、爱情等，因此我们的内心充满了各种情感。在这个喧嚣的尘世中，只有怀着一颗善良的心，怀着一颗感恩的心，我们的生活才会充满爱，我们才会发现这世界原来真的很美好。

2.养成感恩的习惯

每天清晨醒来或睡觉前都用几分钟的时间去感恩，在心里默默感谢那些给予你帮助的人，感恩的同时也为自己稚嫩的心灵积累了巨大的财富。

3.常说"谢谢"

时常把"谢谢""我很感激你"之类的话挂在嘴边，随时随地表达出你的感谢之意。这会让听到的人感到愉快，也会让你更受欢迎。

做一个善良、有爱心的人

善良的回报

善良，是一种世界通用的语言。

——马克·吐温

100多年前的某天下午，在英国一个乡村的田野里，一位贫困的农民正在劳作。忽然，他听到远处传来了呼救的声音，原来是一名少年不幸落水了。

这位农民不假思索、奋不顾身地跳入水中救人。孩子得救了。

后来，大家才知道，这个获救的孩子是一个贵族公子。几天后，贵族公子的母亲带着礼物登门感谢，农民却拒绝了这份厚礼。在他看来，当时救人只是出于自己的本能，自己并不是因为对方出身高贵才去救他。

故事到这儿并没有结束。这位母亲因为敬佩农民的善良与高尚，感念他的恩德，于是决定资助农民的儿子到伦敦去接受高等教育。农民接受了这份馈赠，能让自己的孩子受到良好的教育是他多年来的梦想。农民很快乐，因为他的儿子终于有了走进外面世界、改变自己命运的机会。

这位母亲也很快乐，因为他终于为自己的恩人实现了梦想。

多年后农民的儿子从伦敦圣玛丽医学院毕业了。他品学兼优，后来被英国皇家授勋封爵，并获得1945年的诺贝尔医学奖。他就是亚历山大·弗莱明，青霉素的发明者。

那名贵族公子也长大了，在第二次世界大战期间患上了严重的肺炎。但幸运的是，依靠青霉素，他很快就痊愈了。这名贵族公子就是英国首相丘吉尔。

【心灵悟语】

播种善良，总会收到意想不到的回报。善良，即纯真温厚，没有恶意，为人和善。善良是人的一种好品性，它珍贵无比。

人以善为本，善是心灵美最直接的展现。一个人最重要的是要有一颗善心，以善良之心对待人生是一个人一生追求的道德规范。善良的人一般性格温和，乐于助人，由于能够理解体谅别人的痛苦，较少计较自己的得失，反而显得更加乐观开朗，容易保持心理平衡。心怀善念，不仅是一种善良，还是一种智慧。任何时候与人为善都是最明智的选择。

如何让孩子更出色
——孩子要养成的 7 种优点

10块钱改变了人生的态度

聪明人都明白这样一个道理：帮助自己的唯一方法就是帮助别人。

——埃·哈伯德

迈克在美国的律师事务所刚开业时，连一台复印机都没有。移民潮一浪接一浪涌进美国的丰田沃土时，他接了许多移民的案子，常常深更半夜被唤到移民局的拘留所领人，还不时地在黑白两道间周旋。他开一辆掉了漆的汽车，在小镇间奔波，兢兢业业地做着律师工作。终于"多年的媳妇熬成了婆"，迈克扩大了公司，又雇用了专职秘书、办案人员，气派地开起了奔驰，处处受到礼遇。

在事业稳步发展的时候，他决定投资股票赚钱，然而，天有不测风云，他赔了不少的钱。一念之间，他又将剩余资产投资股票，不久又血本无归，更不巧的是，岁末年初，移民法再次被修改，移民名额削减，事务所顿时门庭冷落。他想不到从辉煌到倒闭几乎是一夜之间。这时，他收到了一封信，是一家公司总裁写的：愿意将公司30%的股权转让给他，并聘他为公司和其他两家分公司的终身法人代理。他不敢相信自己的眼睛。他找上门去，总裁是个德国裔中年人。"还认识我吗？"总裁问。他摇摇头，总裁微微一笑，从硕大的办公桌的抽屉里拿出一张皱巴巴的五块钱汇票，上面夹的名片，印着迈克律师的地址、电话。他实在想不起还有这一桩事情。"7年前，在移民局，"总裁开口了，"我在排队办工卡，排到我时，移民局已经快关门了。当时，我不知道工卡的申请费用涨了10块钱，移民局不收个人支票，我又没有多余的现金，如果我那天拿不到工卡，雇主就会另雇他人。这时，是你从身后递了10块钱上来，我要你留下地址，好把钱还给你，你就给了我这张名片。"迈克也渐渐回忆起来了，但是仍将信将疑地问："后来呢？""后来我就在这家公司工作，很快我就发明了两个专利。我到公司上班后的第一天就想把这张汇票寄出，但是一直没有。我单枪匹马来到美国闯天下，经历了

024

许多冷遇和磨难。这10块钱改变了我对人生的态度，所以，我不能随随便便就寄出这张汇票。"

【心灵悟语】

正所谓"行下春风，必有秋雨"，自己在帮助别人时，其实是在帮助以后的自己。在日常生活中，许多偶然的事情会决定你未来的命运，生活从来不会说什么，但却会用时间诠释这样一个真理：帮助别人，就是帮助自己。

多一点关爱给别人

一个人有再大的权力、再多的财富、再高的智慧，如果没有学会去关怀别人、去爱别人，那他的生命还有多少意义呢？

——温世仁

艾克从战场上回到家里的时候，家中并没有出现想象中的家人重聚的欢乐场面。他的母亲杰妮的肾脏出了问题，不得不送往附近的医院治疗，医生告诉艾克："你母亲病得很重，她需要立即输血，否则可能活不到明天。"遗憾的是，杰妮的血型是AB型，所有的家庭成员都被验过了血，但是没有一个人的血型能与杰妮的血型相配，更糟糕的是，医院既没有血库，也没有飞机去空运一些血液。医生们说没有一点办法了。

艾克含着眼泪离开医院去召集所有的亲人，希望每一个人都能有机会跟母亲见上最后一面。那时候，战争刚刚结束，在美国的每一条公路上，随处可见穿着军服的士兵要求搭别人的便车回家和亲人团聚的景象。当艾克驱车沿着公路行驶的时候，他被一个士兵拦住了，士兵请求艾克允许他搭个便车回家。极度悲伤的艾克在这个时候是没有心情做好事的，但想到士兵回家团聚的迫切心情，艾克还是把那个陌生人请上了车。

心乱如麻的艾克只是麻木地开着车，并没有理会身旁的士兵。但是，这个士兵却注意到了艾克的眼泪。"老兄，你遇到什么麻烦了？我可以帮你吗？"艾克含着眼泪说："我母亲即将死去，因为医生无法找到与她相匹配的血型——AB血型，如果他们不能在夜幕降临之前找到适合的血型，她就会死去。"汽车里变得异常安静，然后这个陌生的士兵把手伸到了艾克的眼前。他的手中握着一枚身份识别牌，这是战争时期挂在士兵脖子上用来识别士兵身份的牌子。牌子标明该士兵的血型是AB型。他让艾克立即掉转车头，向医院里驶去。

母亲杰妮得救了，她活了下来，直到20年后才去世。

【心灵悟语】

给他人力所能及的帮助，是一种美德，我们也能从中获得意外的收获。很多时候，生活中的奇迹就发生在你不经意的善举之间，哪怕是一次微不足道的援助。

每一个人都不是孤立地生活在这个世界上的，我们必定生活在人与人的中间。人与人之间的交往是一种平等互惠的关系，你怎样对别人，别人也会怎样对你。你热心帮助别人，别人也会帮助你。帮助永远都是相互的。正像"投之以桃，报之以李""赠人玫瑰，手有余香"一样。所以你想得到别人的帮助，自己首先要帮助别人！

传递爱心

无论是朋友还是陌生人遇到危险，我们都要尽力帮助人家，不要考虑自己要付出多大的代价。

——马克·吐温

他是个9岁的孩子，从小在孤儿院里长大，他一直想找到自己的妈妈。

有天傍晚，孩子在河畔发现一个昏倒在地上的男人。孩子给医院打了急救电话，挽救了这个突发心脏病的男人，原来这个男人是一家电视台有名的节目主持人。

主持人万分感激，要给孩子很多钱并供他读书，孩子拒绝了，只要求他再帮助10个人，然后再让那10个人每人帮助另外10个人。主持人很奇怪地问为什么。

孩子红着脸，犹豫着说出了自己的想法，他说，如果自己帮助10个人，然后请受帮助的人帮助另外10个人，以这样的方式传递爱心，终有一天，受帮助的那些人中会有自己的妈妈。

主持人被孩子天真又深沉的爱震撼了，在当天的电视节目直播时讲述了孩子的故事，很多现场观众热泪盈眶，纷纷表示愿意做那10个人中的一个。

然而，谁也没想到不幸会突然降临在孩子的身上。有一天，孩子被一群小流氓拦住了。小流氓们在孩子身上没搜到钱，就气急败坏地捅了孩子几刀，孩子的腹部被刺，肝脏被刺破，倒在血泊中，直到两小时后才被巡逻的警察发现送到医院。昏迷中的孩子，一直喃喃地呼喊："妈妈，妈妈……"

孩子的安危揪紧了全市人民的心。电视台24小时关注着孩子的病情，所有关心孩子的人都在祈祷他能苏醒。几十个大学生来到广场，手挽手连成一颗心形，他们日夜大声呼喊："妈妈，你在哪里？"

电视台两小时内接到几百位母亲的电话，她们都表达了最诚挚、最迫切的心声：让我做孩子的妈妈吧！

两天后，孩子永远地离开了这个世界。离开时他的小脸上挂着幸福的微笑，因为他终于握到妈妈的手了。在场的所有医护人员哭了，电视机前的观众哭了，整个城市的母亲们哭了。

自从那以后，昔日冷漠的人们变得有人情味了。孤儿院的孤儿纷纷被领养，敬老院的许多老人被子女接回了家，每个人都懂得了对亲情对爱的珍惜。

这不是为教育人而编的故事，它真实地发生在德国的莱茵河畔。这个孩子叫德比。因为他，整个德国掀起了一股"10件好事"的热潮。

如何让孩子更出色
——孩子要养成的 7 种优点

【心灵悟语】

爱心，是人性光辉中最美丽、最暖人的一缕，是人类所有感情中最高贵、最纯朴、最真挚的一种，是人类社会向前发展的最根本原因。从古至今，有一颗善良友爱的心一直是人们所推崇的。拥有爱心不仅会使世界变得美好，更有助于人自身的身心健康。

传递爱心不是一个有钱人或有地位的人的专有行为，人人都能做，只要你愿意付出你的爱心。

培养优点小贴士：如何做一个善良、有爱心的人

1.有同情心

同情心是人的天性之一，也是构筑人类善良天性大厦的坚固柱石。你如果想做一个善良的人，首先就要具备同情心，这是能够进行一切积极的社会行为的关键因素，也是人与人之间所有关系的基础。

2.洞悉他人的感受

如果你想变得善良、有爱心，就请多花些时间揣摩他人的感受。注意周围人对某些事件的反应，哪怕只是留心他们进门时的心情。有爱心的人总能洞悉他人的情感，及时察觉他人的负面情绪，并为其提供帮助。

3.真心关心他人

人生在世，我们难免会有失败与不幸的遭遇，当碰到别人遭到不幸之时，我们应当像自己碰到不幸一样，尽力给予帮助，譬如安慰对方等。

4.从身边小事做起

并不是轰轰烈烈地帮助人才是做好事。做好很多身边力所能及的事同样是在做好事：爬山时，看到别人丢弃的矿泉水瓶子，随手捡起，扔进垃圾箱；遇到行乞的人给他们零钱；对送水工、收废品的人以礼相待……这些与见义勇为一样有意义。

戒骄戒躁，保持谦虚的品德

京剧大师梅兰芳

真正的谦虚是最高的美德，也是一切美德之母。

——丁尼生

京剧大师梅兰芳不仅在京剧艺术上有很深的造诣，而且还是丹青妙手。他拜著名画家齐白石为师，虚心求教，总是执弟子之礼，经常为白石老人磨墨铺纸，从未因为自己是著名演员而自傲。

有一次齐白石和梅兰芳同到一户人家做客，白石老人先到，他布衣布鞋，其他宾朋皆社会名流，他们或西装革履或长袍马褂，齐白石显得有些寒酸，不引人注意。不久，梅兰芳到，主人高兴相迎，其余宾客也都蜂拥而上，一一同他握手。可梅兰芳知道齐白石也来赴宴，便四下环顾，寻找老师。忽然，他看到了被冷落在一旁的白石老人，他挤出人群向齐白石恭恭敬敬地叫了一声"老师"，向他致意问安。在座的人见状很惊讶，齐白石深受感动。几天后特向梅兰芳馈赠《雪中送炭图》并题诗道："记得前朝享太平，布衣尊贵动公卿。如今沦落长安市，幸有梅郎识姓名。"

梅兰芳不仅拜画家为师，也拜普通人为师。有一次他在演京剧《杀惜》时，在众多喝彩叫好声中，他听到有个老年观众说"不好"。梅兰芳来不及卸妆更衣就用专车把这位老人接到家中，恭恭敬敬地对老人说："说我不好的人，就是我的老师。先生说我不好，必有高见，定请赐教，学生决心亡羊补牢。"老人指出："阎惜姣上楼和下楼的台步，按梨园规定，应是上七下八，博士为何八上八下？"梅兰芳恍然大悟，连声称谢。以后梅兰芳经常请这位老先生观看他演戏，请他指正，并称他"老师"。

【心灵悟语】

　　世界上只有虚怀若谷的求知者，没有狂妄自大的成功者。一个人不管自己有多丰富的知识，取得了多大的成绩，或是有了何等显赫的地位，都要谦虚谨慎，不能自视过高。只有心胸宽广，博采众长，才能不断地丰富自己的知识，增强自己的本领，进而创造出更大的业绩。

　　谦虚是一种美德，但这种美德在现在的一些孩子身上很难发现。生活中，有的孩子拥有了某一些方面的特长，就觉得自己水平很高，从而就骄傲起来；有的考试成绩好，就瞧不起成绩差的同学，甚至觉得自己什么都比人家厉害。俗话说：谦受益，满招损。骄傲自大对青少年的成长很不利。因此，谦虚是非常重要的，不谦虚会让自己始终处在一种自大之中，甚至不可一世。

谁是万兽之王

自负对于任何艺术都是一种毁灭。骄傲是可怕的不幸。

——季米特洛夫

在非洲广袤的大草原上，狮子被尊为"万兽之王"。

有一天，狮子在自己的领地上巡视时，遇到一条正在寻找猎物的狼。

狮子为了让狼知道自己是万兽之王，就向这条狼大吼道："狼，你说一说，在这儿谁是万兽之王？"

狼惊慌地回答："大……大王，您就是万兽之王啊！"

狮子听后，很满意地继续向前巡视去了。

过了一会儿，狮子遇到一只在矮树上采水果吃的狒狒。

狮子为了让狒狒知道自己是万兽之王，又向狒狒大吼道："狒狒，你来说说，在这儿谁是万兽之王？"

狒狒很害怕地回答："大王，当然是您，您就是万兽之王！除了您之外，还能有谁呢？"

狮子听了十分得意，优哉游哉地继续巡视它所管辖的草原王国。

不久，狮子又遇到一只大象，大象正在大口大口地吃着树上的叶子。

狮子为了让大象知道自己是万兽之王，便向大象大吼道："大笨象，在这儿谁是万兽之王？"

大象听了不回答，继续忙着吃它所卷下来的树叶。

狮子恼羞成怒，用力地狂吼一声，跳到大象的身旁："喂，本大王在跟你说话，你是聋子还是哑巴呀？"

大象仍是一言不发，突然转过身来，用长长的鼻子卷起狮子，猛地向上一扔，将狮子甩向远方的一棵大树，把狮子撞得鼻青脸肿。

狮子从地上爬起来，夹着尾巴艰难地走回来，向大象说道："我只是想讨论一下谁是万兽之王而已，你不知道答案也就算了，又何必动粗呢？真是一点幽默感都没有……"

【心灵悟语】

生活中，也不乏如狮子一般的人。他们眼里只有自己，狂妄自傲，不知道天外有天，人外有人，因此，被撞得"鼻青脸肿"就是件很正常的事情了。

俗话说："鼓空声高，人狂话大。"凡是狂妄自大的人，都过高地估计自己，过低地估计别人。他们口头上无所不能，评人论事谁也看不起，总是这个不行，那个也不行，只有自己最行。这些狂妄自大的人的结局可想而知。

狂妄自大的祢衡

一个骄傲的人，结果总是在骄傲里毁灭自己。

——莎士比亚

三国时期的祢衡，自幼聪明伶俐，对事物有辨别能力，有过目成诵，耳闻不忘之才能。成年后，尤显博学多识，但却恃才傲物。当时的大司马北海太守孔融很器重祢衡，就把他推荐给曹操。

曹操早闻祢衡狂妄自大，于是便派人把祢衡叫来，想当面侮辱他一回，打打他狂傲的气焰。祢衡来到，曹操大大咧咧地坐在座位上，并不起身，也不让祢衡坐，把他当成不值得尊敬的属员，想以此羞辱对方，从而提高自己的地位。

不料祢衡连看也不看曹操一眼，却仰天长叹："天地间虽然阔大，怎么连一个人也没有！"

"我手下有几十个人，都是当代英雄！你怎说没人？"曹操不快地责问。

祢衡笑问："愿听您说说。"

曹操昂然介绍："荀彧、荀攸、郭嘉、程昱，智谋深远，就是萧何、陈平这两位汉初名臣也无法与之相比；张辽、许褚、李典、乐进勇不可当，虽是岑彭、马武之类猛士也不及他们；其余，像吕虔、满宠、于禁、徐晃、夏侯惇、曹子孝，都可谓天下奇才、人间英烈，你能说我这里没有人吗？！"

祢衡冷笑道："这些人，我都了解。你那几个谋士文官，像荀彧、荀攸、郭嘉、程昱之流，只能干点儿吊丧看坟、关门闭户的杂役；张辽、许褚、乐进、李典之辈，也只配放马送信、磨刀铸剑、砌墙杀狗；至于其他人，更是酒囊饭袋、衣服架子而已！没一个算正经人物！"

曹操怒问："你有什么本事？"

"我上知天文，下晓地理，三教九流无所不晓，故典史籍无所不通。心怀大志，能拯救天下。岂是和你们这帮俗人相提并论的！"祢衡道。

当时武将张辽在曹操身边，听了十分愤怒，拔剑要杀祢衡。

曹操制止住张辽，冷冷地说："这个狂妄的家伙，虽没真正治世救国的本事，却在文人间骗了个虚名。今天我们要杀了他，天下读书人定会诽谤我不能容人。他不是自以为天下第一能人吗？好，我就让他当我的一名鼓手，看他羞不羞！"

祢衡并不推辞，立即答应充当近于仆役的鼓手。

第二天，曹操大宴宾客，令鼓吏击鼓为乐。以前的鼓吏对祢衡说击鼓一定要更换新衣，祢衡并不理会。他来到大厅，击鼓演奏了一曲《渔阳三挝》，节奏异常美妙，使听者"莫不慷慨流涕"。曹操近臣向祢衡大声喝道："为什么不换衣服？"没想到祢衡当着众人面脱下了衣服，"裸体而立，浑身尽露"。随后，他旁若无人般慢慢换上衣服。曹操叱责他说："庙堂之上，你为什么这么无礼？"祢衡答道："欺君罔上才是无礼的表现。我不过是露出父母给我的身体，显示自己的清白而已。"曹操顺势问道："汝为清白，谁为污浊？"祢衡狠狠数落了曹操一番，说他不识贤愚是眼浊，不读诗书是口浊，不纳忠言是耳浊，不通古今是身浊，不容诸侯是腹浊，常怀篡逆是心浊，然后接着说道："我是天下的名士，你却用我为鼓吏，如同阳货轻孔子，臧仓毁孟子！你想成就大业，哪有如此怠慢贤士的道理？"

随后，曹操令祢衡以使者的身份去荆州招降，祢衡不答应。于是曹操一方面叫人备了3匹马，派两个人挟着他前去，另一方面又让手下的文臣武将在城门外送他。曹操之所以这样做，一方面是为了表示对祢衡的尊重，另一方面又想借刘表之手除掉祢衡。祢衡到了荆州后，戏谑刘表。刘表同样不想背上害贤之名，于是又把祢衡送到了部下黄祖处。

一次，黄祖与祢衡共饮，不一会儿两人都有了醉意。黄祖问祢衡："你在许都结识了哪些人？"祢衡答道："大儿孔融，小儿杨修。除此二人，别无人物。"黄祖接着问道："你看我怎么样？"祢衡答道："你就像庙中供奉的神像，虽然受人祭祀，却一点都不灵验！"黄祖大怒，将祢衡斩杀，祢衡死时才26岁。

祢衡的确有才，但恃才傲物，终招杀身之祸，这不能不说是一个大的教训。

【心灵悟语】

我们要正确看待自己的才气，摆正自己的位置，谦虚谨慎做人。如果狂妄自大、目空一切，终会落得个惨淡的下场。

关公败走麦城

不管我们的成绩有多么大，我们都应该清醒地估计敌人的力量，提高警惕，决不容许在自己的队伍中有骄傲自大、安然自得的情绪。

——斯大林

三国鼎立的局面形成之后，魏、蜀、吴三国各占一方地盘，但每一方又都想吞并其他两方。

北伐中原、复兴汉室是蜀汉的既定战略，刘备、诸葛亮无时无刻不在为此操心。关羽受命据守荆州，伺机北进。

关羽出师北进，俘虏了魏国将军于禁，并将魏国征南将军曹仁围困在了樊城，取得了胜利。

当时镇守陆口的吴国大将是吕蒙，他回到建业，称病要休养，其实是想谋划对付关羽。部将陆逊来看望他，两人自然而然谈论起了军国大事。

陆逊说："关羽平时经常欺凌别人。现在节节胜利，又立下大功，就会更加自负自满。又听说您生了病，对我们的防范就有可能松懈下来。他一心只想讨伐魏国，如果此时我们出其不意地进攻，肯定能打他个措手不及。"

吕蒙对陆逊的见解大为叹服，就向孙权推荐陆逊代替自己前去陆口镇守。

陆逊一到陆口，马上给关羽写信道："你大败魏军，立下赫赫战功，这是多么了不起的事啊！就是以前晋文公在城濮之战中所立的战功，韩信在灭赵中所用的计策，也无法与将军您相比啊。我刚来这里任职，学识浅薄，经验不足，一直很敬仰您的美名，所以恳请您多多指教。"

关羽接到陆逊的信，自然被信中的好话吹捧得晕晕乎乎，而且由此想当然地认为陆逊不过是无名之辈，不足为惧，对后方吴国也就放心了。

陆逊在稳住关羽后，暗中加快军事部署，待条件具备后，指挥大军，一举攻克蜀中要地南郡。关羽败走麦城，终遭杀害。

就这样，关羽为他的自负与轻敌付出了沉重的代价。

【心灵悟语】

骄傲的人之所以会失败，不是败在对手手中，而是败在自己手中。历史上多少有才之人原本可以建功立业，但却因胜利而失去理智，从而骄傲自大、麻痹大意，最终抱憾终身，关羽便是明证。

人在任何时候，都不可以有傲气。傲气不仅会引起他人的不满，而且会被竞争对手利用。一些高明的竞争对手常常会在你自满的时候，变得强大，一旦你疏于防范，对手便会轻而易举地战胜你。所以，任何时候，都不要因一时的胜利而沾沾自喜或扬扬得意，随时提醒自己危险就在身边。

培养优点小贴士：如何成为一个谦虚谨慎的人

1.认识骄傲的危害

骄傲，会让你拒绝一切有益的劝告和友好的帮助；骄傲，会让你失掉客观的标准；骄傲，会让你像一只可笑的井底之蛙，视野狭窄，自以为是。骄

如何让孩子更出色
——孩子要养成的 7 种优点

傲会严重阻碍你前进的步伐，所以，你得从心理上有所防范，千万不要让骄傲支配你。

2.了解自己的局限性

不管你多么有才华，总有一些事情你是办不到的，你应该了解这一点。你可以找一张纸写下自己做不到但是别人能做到的事情，这会让你既不自夸也不过分自卑。

3.正确地面对别人对你的批评和建议

有些人非常爱面子，认为别人批评自己，就是看不起自己，给自己难堪。其实，长辈、老师批评你都是希望你进步。同学朋友给你提建议那是希望你改变那些不好的习惯和做事的方法。不要觉得这是坏事，不要急于争辩，仔细听听别人怎么说，如果他们说得有道理你最好马上改正，这样才能不断充实和完善自己。

4.向他人学习

虚心求教，不耻下问是获得真知的最有效途径。它可以使你永远把自己置于学习的地位，并有助于你发现他人的优点，认识自己的不足。因此，你必须牢记：一定要以谦虚之心对待他人，不断向他人学习。只有谦虚好学，你才能更快更好地成长。

第二章 性格优点：
性格决定你的未来

充满自信，自强不息

两个自卑的人

坚决的信心能使平凡的人们做出惊人的事业。

——马尔顿

十几年前，他从一个仅有20多万人口的北方小城考进了北京的大学。上学的第一天，与他邻桌的女同学第一句话就问他："你从哪里来？"而这个问题正是他最忌讳的，因为在他的逻辑里，出生于小城，就意味着小家子气，没见过世面，肯定会被那些来自大城市的同学瞧不起。

就因为这个女同学的问话，他一个学期都不敢和同班的女同学说话，以致一个学期结束，很多同班的女同学都不认识他。

很长一段时间，自卑的阴影都占据着他的心灵。最明显的表现就是，每次照相，他都要下意识地戴上大墨镜，以掩饰自己内心的恐慌。

20年前，她也在北京的一所大学里上学。

大部分日子，她也都是在疑心、自卑中度过的。在一张照片中，18岁的她看起来像30多岁。她疑心同学们会在暗地里嘲笑她，嫌她肥胖的样子太难看。

她不敢穿裙子，不敢上体育课。大学结束的时候，她差点儿毕不了业，不是因为功课太差，而是因为她不敢参加体育长跑测试。老师说："只要你跑了，不管多慢，都算你及格。"可她就是不跑。她想跟老师解释，她不是

如何让孩子更出色
——孩子要养成的 7 种优点

在抗拒，而是因为恐惧，恐惧自己肥胖的身体跑起步来一定非常非常愚笨，一定会遭到同学们的嘲笑。可是，她连向老师解释的勇气都没有，她茫然不知所措，只是傻乎乎地跟着老师走。老师回家做饭去了，她也跟着。最后老师烦了，勉强算她及格。在一个电视晚会上，她对他说，"要是那时候我们是同学，可能是永远不会说话的一对。你会认为，人家是北京城里的姑娘，怎么会瞧得起我呢？而我则会想，人家长得那么帅，怎么会瞧得上我呢。"

他，现在是中央电视台著名节目主持人，经常对着全国几亿电视观众侃侃而谈，他主持节目给人印象最深的特点就是从容自信。他的名字叫白岩松；她，现在也是中央电视台著名节目主持人，是完全依靠才气而丝毫没有凭借外貌走上中央电视台主持人位置的。她的名字叫张越。

【心灵悟语】

自卑其实就是自己和自己过不去。人为什么老要和自己过不去呢？你不觉得自己身上也有许多可爱的地方，令人骄傲的地方吗？也许你不漂亮，但是你很聪明；也许你不够聪明，但是你很善良。人有一万个理由自卑，也有一万个理由自信。丑小鸭变成白天鹅的秘密就在于它勇敢地挺起了胸膛，骄傲地扇动了翅膀。

自卑性格是人生道路上的绊脚石，自卑性格是人生潜在的杀手，它会把人带到生命的尽头，扼杀成功、扼杀幸福、扼杀快乐。为此在生活中必须挺胸抬头，树立起自信，让自卑从生活中走开，只有这样，生活才会充满阳光。

信念的力量

只有满怀自信的人，才能在任何地方都怀有自信，并实现自己的愿望。

——高尔基

在苏格兰东北部的一个农场，有一个叫伊芙琳·格兰妮的女孩，从8岁时她就开始学习钢琴。随着年龄的增长，她对音乐的热情与日俱增。但不幸的是，她的听力却在逐渐下降，医生断定她的耳病是由于神经系统损坏造成的，难以恢复。医生预言，12岁时她就会彻底耳聋。

可是，她对音乐的热爱从未停止过。

她一直以来的梦想是成为打击乐独奏家。为了演奏，她学会了用不同的方法"聆听"其他人演奏的音乐。她特意穿长袜演奏，这样她就能通过她的身体感觉到每个音符的振动，她用她所有的感官来感受整个世界的乐声。

经过几番周折之后，她终于成了伦敦皇家音乐学院的一名特招生。在学校的那几年，她刻苦努力，在毕业时荣获了学院的最高荣誉奖。后来，她成功了，成了一位著名的打击乐独奏家。为什么耳朵已经完全失灵的她能够创造出这样的音乐奇迹呢？正是因为内心强大的信念在支撑着她，使她产生了战胜困难的决心和自信。虽然耳朵不灵敏了，但她学会了用全身的感官来听——她的每一个毛孔、每一个细胞、全身的每寸皮肤和神经都成了她的耳朵。她没有因为医生的诊断而放弃追求，医生的诊断并不意味着她热情的减退和信心的丧失。

伊芙琳·格兰妮是音乐史上的成功范例，也创造了信念战胜一切的典范。

【心灵悟语】

人生需要信念。强烈的信念可以让一个人释放全部的力量，持久不懈地去努力。当我们有足够的信念去改变自己命运的时候，所有的困难、挫折、阻挠都会为我们让路。信念有多大，我们就能克服多大的困难，就能战胜多大的阻挠。如果你是一个渴望成功、渴望优秀的孩子，那么从现在开始，培养你的自信心吧！

如何让孩子更出色
——孩子要养成的 7 种优点

黄美廉的故事

在真实的生命中，每桩伟业都由信心开始，并由信心跨出第一步。

——奥格斯特·冯史勒格

在一次演讲会上，她站在台上，时不时地挥舞着她的双手；她仰着头，脖子伸得好长好长，与尖尖的下巴扯成一条直线；她的嘴张着，眼睛眯成一条线，诡谲地看着台下的学生；偶而她口中也会自言自语，不知在说些什么。她基本上是一个不会说话的人，但是，她的听力很好，只要对方猜中，或说出她想表达的意思。她就会乐得大笑一声，伸出右手，用两个指头指着你，或者拍着手，送给你一张用她的画制作的明信片。

你一定不会想象这样的一个人竟然是台湾家喻户晓的画家，台湾十大杰出青年奖章的获得者——黄美廉，一位自小就患脑性麻痹的病人。

黄美廉出生于台南，出生时由于医生的疏忽，造成她脑部神经受到严重的损害，以致颜面、四肢肌肉都失去正常功能。当时她的父母抱着身体软软的她，四处寻访名医，结果得到的都是无情的答案：她不能说话，嘴还向一边扭曲，口水也止不住地往下流。6岁时，她还无法走路，妈妈听说患有脑性麻痹者到二三十岁时仍在地上爬，妈妈无法想象她的未来，绝望地想把她掐死，自己再自杀。

脑性麻痹夺去了她肢体的平衡感，也夺走了她发声讲话的能力。从小她就活在肢体不便及众多异样的眼光中，她的成长充满了血泪。然而她没有让这些外在的痛苦击败她内在的奋斗精神，她乐观面对，迎接一切的不可能。终于在1993年她获得了加州大学艺术博士学位，她用她的手当画笔，以色彩告诉世人"寰宇之力与美"。

在一次演讲会上，有一位学生问黄美廉："你从小就长成这个样子，请问你怎么看你自己？你没有怨恨吗？"

黄美廉转身用粉笔在黑板上重重地写下"我怎么看自己"这几个字。她写字时用力极猛，写完这个问题，她停下笔来，歪着头，回头看着发问的同学，然后嫣然一笑，转过身在黑板上龙飞凤舞地写了起来：

一、我好可爱！

二、我的腿很长、很美！

三、爸爸妈妈这么爱我！

四、上帝这么爱我！

五、我会画画，我会写稿！

六、我有只可爱的猫！

忽然，教室内鸦雀无声，没有人敢讲话。她回过头来定定地看着大家，再回过头去，在黑板上写下了她的结论："我只看我所拥有的，不看我所没有的。"顿时台下响起了掌声，黄美廉倾斜着身子站在台上，满足的笑容从她的嘴角荡漾开来，眼睛眯得更小了，有一种永远也不会被击败的傲然，写在她脸上。

一个残疾人，能够取得如此辉煌的成就，可以说是她发自心底的自信，激发了她的潜能，使她获得了成功。

【心灵悟语】

自信是一种积极的性格表现，是一种强大的力量，也是一种宝贵的资源。在人生的旅途上，是自信开阔了求索的视野；是自信，推动了奋进的脚步；是自信，成就了一个又一个梦想。

苏格拉底的弟子

自信是走向成功的第一步，缺乏自信是失败的主要原因。

——莎士比亚

有这样一个古老而又动人的故事。

古希腊的大哲学家苏格拉底在临终前有一个深深的遗憾，就是他多年的

如何让孩子更出色
——孩子要养成的 7 种优点

得力助手，居然在半年多的时间内没能给他寻找到一位最优秀的关门弟子。

在风烛残年之际，苏格拉底知道自己已时日不多了，就想考验和点化一下他身边这位颇有才气的助手。于是，他便把那位助手叫到床前说："我的蜡烛所剩不多了，得找另一根蜡烛接着点下去，你明白我的意思吗？"

"明白，"那位助手马上就心领神会，"您的光辉思想需要很好地传递下去……"

"可是，"苏格拉底慢悠悠地说，"我需要一位最优秀的继承者，他不但要有相当的智慧，还必须有充分的信心和非凡的勇气……这样的人选目前我还未发现，你帮我物色一位吧。"

"好的，"助手说，"我一定会竭尽全力去寻找，以不辜负您对我的栽培和信任。"

苏格拉底笑了笑，没再说什么。

那位忠诚而勤奋的助手，不辞辛劳地开始通过各种渠道四处物色人选。可他领来的很多人，苏格拉底都表示不满意。有一次，当那位助手再次无功返回到苏格拉底面前时，苏格拉底爱惜地抚着那位助手的肩膀说："真是辛苦你了，不过，你找来的那些人，其实还不如你。"

"我一定加倍努力，"助手立刻言辞恳切地说，"就是找遍五湖四海，我也要把最优秀的人挖掘出来，举荐给您。"苏格拉底笑了笑，没再说什么。

半年之后，苏格拉底眼看就要告别人世了，但最优秀的人选还是没有着落。在苏格拉底弥留之际，助手非常惭愧，泪流满面地坐在老师床边，语气沉重地说："真是对不起您，我令您失望了。"

"失望的是我，对不起的却是你自己。"苏格拉底说到这里，很失意地闭上眼睛，停顿了许久，不无哀怨地说，"本来，最优秀的人就是你自己，只是你不敢相信自己，才把自己给忽略、耽误了。其实，每个人都是最优秀的，差别就在于如何认识自己，如何发掘和重用自己……"一代哲人忍不住掩面叹息。没多久，他便永远地离开了自己曾经深切关注的这个世界。

那位助手非常后悔，甚至整个后半生都处在自责中。

【心灵悟语】

　　自信心是一个人能力的支柱，一个没有自信心的人，不能指望他能够做出实质性的成就。你可以敬佩别人，但绝不可忽略自己；你也可以相信别人，但绝不可以不相信自己。在这个世界上，我们每个人都是独一无二的奇迹，都是自然界最伟大的造化。所以，我们只有正确认识自己的价值，对自己充满自信，不断发挥自身的潜力，才能将生存的意义充分体现出来。我们都应该牢记柏拉图的这句至理名言：最优秀的人就是你自己！

培养优点小贴士：如何成为一个自信的人

1.敢于对自己提要求

例如班里竞选班干部，你如果觉得自己能够胜任，就勇敢地去尝试。无论做什么事情，都要有足够的信心和勇气，成败不是最重要的，重要的是参与，以及参与的经历。

2.当众发言

在学校的课堂上、班会上或是校外活动中，很多孩子从来不发言，因为他们害怕别人觉得他们很笨。其实，这种恐惧的想法并不对。一般而言，人们的承受力比想象中的更强。事实上，很多人都在和同样的恐惧做斗争。只要努力大声说出自己的想法，你就可能成为一个更好的发言者，对自己的想法也会更自信。所以，不论参加什么活动，我们都要主动发言，无论是评论，还是建议，抑或是提问题，都不要害怕。而且，不要最后才发言。要做"破冰船"，第一个打破沉默。也不要担心你会显得很愚蠢，不会的，因为总会有人同意你的见解。

3.面带微笑

微笑的作用很大，能令人产生信心，能令人心情舒畅，忘记忧愁烦恼，能令人振奋精神。一个人愁眉苦脸时，给别人的感觉是无精打采的，眼神呆板的；有微笑时才会给人信心十足的感觉。

4.了解自己的优点和缺点

找些小卡片，把它们分成两种颜色：一种代表优点，另一种代表缺点，每张卡片写一个优点或缺点。然后，检验一下哪个缺点是你可以不在乎且可以忽略的，把这些可以忽略的、不在乎的缺点丢掉。这样你就会发现自己的优点比缺点多。使你集中发挥自己的优点，克服自己的缺点。

5.经常鼓励自己

学会自我激励，要给自己一个习惯性的思想意念。别人能行，相信自己也能行；其他人能做到的事，相信自己也能做到。经常对自己说："我能做到，我是最棒的！""只要我努力，就一定能做到。" 特别是遇到困难时要反复激励告诫自己。这样， 就会通过自我积极的暗示机制，鼓舞自己的斗志，增强心理力量，使自己逐渐树立起自信心。

乐观豁达，笑对生活

调好思想的焦距

人生的道路都是由心来描绘的。所以，无论自己处于多么严酷的境遇之中，我们都不应为悲观的思想所萦绕。

——稻盛和夫

卡尔什么事情都发愁。他之所以忧虑是因为他觉得自己太瘦了；因为他觉得自己在掉头发；因为他怕永远没办法赚够钱来娶个太太；因为他认为自己永远没办法做一个好父亲；因为他怕失去他想要娶的那个女孩子；因为他觉得自己现在过得不够好；他很担忧给别人留下不好的印象；他觉得自己得了胃溃疡，无法再工作……

辞去了工作后，卡尔内心愈来愈紧张，像一个没有安全阀的锅炉，压力终于到了令人难以忍受的地步。后来卡尔回忆道："如果你从来没有经历过精神崩溃的话，祈祷上帝让你永远也不要有这种经历吧，因为再没有任何一种身体上的痛苦，能超过精神上那种极度的痛苦了。

"我精神崩溃的情况，甚至严重到没办法和我的家人交谈。我控制不住自己的思想，充满了恐惧，只要有一点点声音，我就会吓得跳起来。我躲开每一个人，常常无缘无故地哭起来。

"我每天都痛苦不堪。觉得我被所有的人抛弃了——甚至上帝也抛弃了我。我真想跳到河里自杀。"

后来，卡尔决定到佛罗里达州去旅行，希望换个环境能够对他有所帮助。他上了火车之后，父亲交给他一封信并告诉他，等到了佛罗里达之后再打开看。卡尔到佛罗里达的时候，正好是旅游的旺季，因为旅馆里订不到房间，就在一家汽车旅馆里租了一个房间睡觉。他想找一份差事，可是没有成功，所以，他把时间都消磨在海滩上。卡尔在佛罗里达时比在家的时候更难过，因此，他拆开那封信，看看父亲写的是什么。父亲在信上写道："儿子，你现在离家1500英里，但你并不觉得有什么不一样，对不对？我知道你不会觉得有什么不同，因为你还带着你的麻烦根源——你自己。无论是你的身体还是你的精神，都没有什么毛病，因为并不是你所遇到的环境使你受到挫折，而是由于你对各种情况的想象。总之，一个人心里想什么，他就会成为什么样子。当你了解了这点以后，就回家来吧。因为你已经好了。"

父亲的信使他非常生气，卡尔觉得自己需要的是同情，而不是教训。

当时，他气得决定永远不回家。那天晚上，经过一个教堂，因为没有别的地方好去，卡尔就进去听了一场讲道。讲题是"能征服精神的人，强过能攻城占地的人"。

卡尔坐在殿堂里，听到和他父亲同样的想法——这一来就把他脑子里所有的胡思乱想一扫而空了。卡尔觉得自己第一次能够很清楚而理智地思考，并发现自己真的是一个傻瓜——他曾想改变这个世界和全世界上所有的人——而唯一真正需要改变的，只是自己脑子里那架思想相机镜头上的焦点。

第二天清早，卡尔就收拾行李回家去了。一个星期以后，他又回去干以前的工作了。4个月以后，他娶了那个他一直怕失去的女孩子。他们现在有一个快乐的家庭，生了5个子女。生活比以前更充实。卡尔相信自己现在能了解生命的真正价值了。每当感到不安的时候，他就会告诉自己：只要把摄影机的焦距调好，一切就都好了。

【心灵悟语】

乐观地面对人生，不论遭遇怎样的逆境或磨难，都以乐观的心态面对，此时我们就会发现，生活里原来到处都可以充满阳光。

生活中，有些人总是抱怨他们现在的状况是别人造成的，环境决定了他们的人生高度，许多事情他们无法摆脱，也不能往好的方面想。这是因为他们从未真正地往好的方面想过，他们总是悲观失望，有时即使有好的想法，也马上被自己否定。说到底，如何看待人生，全由我们自己决定。在任何特定的环境中，人们还有一种最后的自由，那就是选择自己的态度。

虽然我们无法改变人生，但我们可以改变人生观；虽然我们无法改变环境，但是我们可以改变心境。虽然我们无法调整环境来完全适应自己的生活，但我们可以调整态度来适应一切环境。人生过程中的挫折、逆境是无法避免的，而我们唯一能做的，便是改变我们自己的心态。只要拥有乐观的态度，总能找到快乐的理由。所以，我们应该用乐观的态度看待人生，用开朗的心情去感受生命，用虔诚的心态去感激生活。

微笑面对灾难

凡笑者，就表现着他尚有生活的胆和力。

——德懋庸

小李是饭店经理，他的心情总是很好。当有人问他近况如何时，他总是回答："我快乐无比。"

如果哪位同事心情不好，他就会告诉对方怎么去看事物好的一面。他说："每天早上，我一醒来就对自己说，小李，你今天有两种选择，你可以选择心情愉快，也可以选择心情不好，我选择心情愉快。每次有坏事情发生，我可以选择成为一个受害者，也可以选择从中学些东西，我选择后者。人生就是选择，你要学会选择如何去面对各种处境。归根结底，是你自己选择如何面对人生。"

有一天，小李被3个持枪的歹徒拦住了。歹徒朝他开了一枪。

幸运的是发现较早，小李被送进了急诊室。经过18个小时的抢救和几个星期的精心治疗，小李出院了，只是仍有少部分弹片留在他体内。

6个月后，他的一位朋友见到了他。朋友问他近况如何，他说："我快乐无比。想不想看看我的伤疤？"朋友看了伤疤，然后问当时他想了些什么。小李答道："当我躺在地上时，我对自己说有两个选择：一是死，二是活。我选择了活。医护人员都很好，他们告诉我，我会好起来的。但在他们把我推进急诊室后，我从他们眼神中读到了'他是个死人'。我知道我需要采取一些行动了。"

"你采取了什么行动？"朋友问。

小李说："有个护士大声问我对什么东西过敏。我马上答'有的'。这时，所有的医生、护士都停下来等我说下去。我深深吸了一口气，然后大声吼道：'子弹！'在一片笑声中，我又说道：'请把我当活人来医，而不是死人。'"小李就这样活下来了。

【心灵悟语】

　　人生之路不可能一帆风顺，痛苦和失败在所难免，我们要积极、乐观地迎接生活的每一天，用微笑面对困难，我们会变得更加坚强。

　　只有心里有阳光的人，才能感受到现实的阳光，如果连自己都常苦着脸，那生活如何美好？生活始终是一面镜子，照到的是我们的影像，当我们哭泣时，生活在哭泣，当我们微笑时，生活也在微笑。正如丰子恺所说："你若爱，生活哪里都有爱；你若恨，生活哪里都可恨；你若感恩，处处可感恩；你若成长，事事可成长。不是世界选择了你，是你选择了这个世界。"

赶考的秀才

生活，就应当努力使之美好起来。

——托尔斯泰

　　从前，有一位秀才连续两次进京赶考都没有高中。这一年，他又赶赴京城考试，住在一个经常住的店里。

　　由于考试前的紧张和焦虑，他每天晚上都做梦。就在临考前两天的一个晚上，他一连做了三个奇怪的梦：第一个梦是梦到自己在墙上种白菜，第二个梦是下雨天，他戴了斗笠还打伞，第三个梦是梦到跟心爱的表妹脱光了衣服躺在一起，但是背靠着背。

　　这三个梦似乎预示着什么事情要发生，第二天，秀才就赶紧去找算命先生解梦。算命先生听了秀才的诉说后，连连摇头说："不妙，不妙！我看你还是赶紧收拾行李回家吧。你想想，高墙上种菜不是白费劲吗？戴斗笠打雨伞不是多此一举吗？跟表妹都脱光躺在一张床上了，却背靠背，不是没戏吗？与其在这里耽误时间，不如早点回家。"

　　听了算命先生的解释，秀才心灰意懒，回店收拾包袱准备回家。店老板非常奇怪，问："明天就要考试了，你怎么收拾行李呢？"秀才把事情的经过告诉了老板，店老板乐了："原来如此。其实，我也会解梦。我倒觉得，你这次一定要留下来。你想想，墙上种菜不是高中吗？戴斗笠打伞不是说明你这次有备无患吗？跟你表妹脱光了背靠背躺在床上，不是说明你翻身的时候就要到了吗？"

秀才一听，觉得有道理，于是精神振奋地参加考试，居然中了举。

【心灵悟语】

生活中很多情况就是如此，只要转变一下思考方式，改变看问题的心态，结果就会大大不同。

凡事往好处想，内心便充满阳光，这种乐观的积极向上的心态，会激发我们的生命力，让我们永远拥有成功的信心和希望。即便是身处绝境，我们也能以豁达开朗的心胸面对未来。"凡事往好处想"并不是解决一切问题的灵丹妙药，却是一种健康积极的人生哲学。有了它，问题本身不会变，但问题的解决却找到了正确的方向。

凡事都往好处想，说起来容易，做起来难。有些人活在世上，恰恰总是把事往坏处想，结果也使自己整天处在高度紧张、猜疑、惊恐、戒备、争斗之中，具有这种心理状态的人，还能开心吗？所以，我们应该培养乐观的人生态度。凡事往好处想，事情自然会往好处发展。凡事都往好处想，我们就会以镇定从容的心情享受生活，就可以准确找到生活的角度，展示生命的风采。

拥有一颗快乐的心

我们的生活有太多不确定的因素，你的心情随时可能会被突如其来的变化扰乱。与其随波逐流，不如有意识地培养一些让你快乐的习惯，随时帮助自己调整心情。

——凯伦·撒尔玛索恩

如何让孩子更出色
——孩子要养成的 7 种优点

　　著名的哲学家苏格拉底是单身汉的时候，和几个朋友在一起，住在一间只有七八平方米的房间，他一天到晚总是乐呵呵的。有人问他："那么多人挤在一起，连转个身都难，有什么可乐的？"苏格拉底说："朋友们在一起，随时都可以交换思想，交流感情，这难道不值得高兴吗？"

　　过了一段时间，朋友都成了家，先后搬了出去，屋子里只剩下苏格拉底一个人。每天，他依然开心。那人又问："你一个人孤孤单单，有什么好高兴的？"苏格拉底说："我有很多书啊，一本书就是一个老师。和这么多老师在一起，时时刻刻都可以向老师请教，这怎么不令人高兴呢？"

　　几年后，苏格拉底也成了家，搬进了一座楼里，这座楼有六层，他家住一楼。一楼不安静，不安全，也不卫生，上面老乱扔东西下来。可他还是一副喜气洋洋的样子。那人又问他："你住这样的地方，也感到高兴吗？"苏格拉底说："你不知道住一楼有多少好处啊，比如进门就是家，不用爬楼；搬东西方便，不用花大力气；朋友来访，不用四处打听……这些好处啊，简直没法说。"

　　过了一年，苏格拉底把一楼让给了一位腿脚不方便的朋友，自己住到了顶楼。顶楼夏晒冬冷，爬楼还累，但他依然快快乐乐。那人不解地问："住顶楼有什么好处？"苏格拉底说："好处多哩。如每天上下楼可以锻炼身体，看书时光线好……"

　　后来，那个人又问苏格拉底："你总是那么快乐，可我却感觉你每次所处的环境并不那么好啊？"

　　苏格拉底说："决定自己心情的，不在于环境，而在于心境。"

【心灵悟语】

　　境由心生，快乐是自己创造的。一个人心里想些什么，是别人无法控制的，因此，快乐完全掌握在自己的手中。

　　快乐并非取决于你是什么人，或你拥有什么，它完全来自于你的思想，你心中注满希望、自信、真爱与成功，你就快乐。假如你下决心使自己快乐，你就能够使自己快乐。快乐无须理由，它本身就是理由。所以，生活中别忘了时时享受快乐，拥有了快乐就拥有了幸福。

培养优点小贴士：如何成为一个乐观的人

1.坦然面对生活

一个人在最糟糕的状态下，不是走向崩溃就是走向希望和光明。有的人之所以生活不如意，很大程度上是由于他们个人的主观意愿在起着决定性作用，他们选择了逃避，而事实上逃避根本解决不了任何问题。如果他们能够善待自己、接纳自己，并不断克服自身的缺陷，克服逃避心理，克服一个又一个困难，那么他们就能坦然乐观地面对生活，微笑着面对每一天，进而拥有更加完美的人生。

2.凡事都看好的一面

一个人成为乐观主义者的关键在于，他能够意识到任何形势下的有利条件和事情的可能性，而且他总是认为现在的形势已经很好了。把在你身上发生的好的事情列一个清单，在你觉得消极的时候，拿出来看看，并提醒自己并不是什么事情都那么糟糕。

3.与乐观者同行

俗话说："近朱者赤，近墨者黑。"研究表明，与朋友交往会影响到自己的心态。悲观主义者的消极态度会像传染病一样肆虐。乐观的情绪也会感染人。因此，我们选择朋友的时候要选择那些乐观健康、积极向上的朋友。选择与乐观向上的朋友交往，你也会变得积极乐观。

4.培养广泛的兴趣

兴趣是保持良好的心理状态的重要条件。人的兴趣越广泛，适应能力就越强，心理压力就越小。比如，同样是退休，有的人觉得无所事事，很容易产生无用、被遗弃等失落感。而有的人则觉得退下来后，可以充分利用这些时间看书、写字、创作、绘画、弹琴、舞剑、养鸟、钓鱼、种花等。总之，兴趣越广泛，生活就会越丰富、越充实、越有活力。

5.通过改变环境来调整情绪

每个人都有心情不好的时候，当你心情不好或情绪低落时，不妨去外面走走，感受一下外面的风景。换种心情，重新开始。通常只要改变环境，就能改变自己的心态和感情。

6.向别人倾诉自己的苦恼

人受到压抑时，应把心中的苦恼倾诉出来，长时间地强行压抑不良情绪，会给人的身心健康带来伤害。如果请旁观者指导一下，可能就会豁然开朗、茅塞顿开。即使别人不发表意见，仅是静静地听你说，也会使你得到很大的满足。别人的理解、关怀、同情和鼓励，会给我们心理上极大的安慰。尤其是遇到人生的不幸时，我们更需要别人的开导和安慰。

勇往直前，永不畏惧

拿出你的勇气来

勇气是人类最重要的一种特质，倘若有了勇气，人类其他的特质自然也就具备了。

——丘吉尔

史密斯在公司工作已经一年了，他很想知道老板对自己的工作评价，虽然他觉得事务繁忙的老板可能不会理睬他，但史密斯还是决定给老板写一封信。他在信中向老板问了最重要的一个问题："我能否在更重要的位置上干更重要的工作，得到更多的薪水？"

第二天，老板回信了，他只对史密斯的问题做了批示："为了扩大生产，公司决定建一个新厂，你去负责监督新厂的建设吧。但是现阶段，我是不会提升你，也不会给你加薪的。"随同那封回信的还有老板给他的一张新厂的施工图纸。看到这封信后，史密斯很激动，他决定用心地完成这项任务。但是，他从来没有受过这方面的培训，要在短时间内完成这项任务，在一般人看来，是非常困难的。他自己也深知这一点，但他更清楚，这是一个难得的机会，如果自己因为困难而退缩，那么可能永远也不会有幸运垂青于他了。于是，史密斯废寝忘食地研究图纸，向有关人员虚心请教，并和他们一起进行分析研究。最后，工作得以顺利开展，并且提前完成了老板交给他的任务。

当史密斯打算向老板汇报这项工作的进展时，老板的秘书交给他一封信，信中说："小伙子，你做得很好。当你看到这封信时，也是我祝贺你升任新厂总经理的时候。同时，你的年薪也比原来高了10倍。据我所知你开始是看不懂这图纸的，但是我想看看你会怎样处理，是临阵退缩还是迎难而上。结果我发现，你不仅具有快速接受新知识的能力，还有出色的领导才能。当你在信中向我要求更重要的职位和更高的薪水时，我便发现了你的与众不同，这点颇令我欣慰。对于一般人来说，可能想都不会想这样的事，或者只是想想，但没有勇气去做，而你做了。新公司建成了，我想物色一个总经理。我相信，你是最好的人选，祝你好运。"

【心灵悟语】

　　每一次机遇的到来，对于我们来说，都是一次严峻的挑战。它不仅需要我们有扎实的功底和丰富的知识储备，更需要我们在看到机遇的时候拿出拼搏和应战的勇气来。许多机遇之所以会白白溜走，就是因为在紧要关头有的人没有接受挑战的勇气。

　　机会常常有，结伴而来的风险其实也并不可怕，就看你有没有勇气去逮住它。缺乏勇气，害怕表现自己，就会失去许多走向成功的机会。

如何让孩子更出色
——孩子要养成的 7 种优点

有些时候，不是我们缺少成功的能力，而是缺乏走向成功的勇气。

战胜自己的懦弱

勇气通往天堂，怯懦通往地狱。

——塞内加

美国最受人敬重的法官艾文·班·库柏，之所以能取得人生的巨大辉煌，在很大程度上取决于他勇敢地战胜了自己的懦弱。

艾文·班·库柏生长在密苏里州贫穷的社区。父亲是移民来的裁缝师，收入微薄，一家人经常食不果腹。小时候的艾文经常提着篮子到附近的铁道捡拾碎煤块回家生火取暖。他为此觉得很丢人，总是绕过街道，不想让同伴看到。然而，同伴却经常会看到他。有一群恶少，更喜欢守在他回家的路途中，等着取笑他并打他，把他的碎煤块丢得满地都是，让他哭哭啼啼地回家。艾文一直难以摆脱恐惧和自卑的阴影。

当他看了哈瑞特·亚格写的《罗伯特·卡夫迪的奋斗》一书之后，决定效法书中像他一样不幸的主人翁，勇敢地与邪恶斗争。

他借来亚格其他的作品，整个冬天，他坐在寒冷的厨房内，看完一篇篇勇敢与成功的故事，他不知不觉地把自己当成书中的主角，在潜意识中培养了积极的心态。

几个月之后，艾文又去铁道捡拾煤块。远远地，他看到3个恶少躲在一栋屋子后面。他第一个念头是掉头逃跑，接着，他想到书中勇敢的主人公，便抓紧篮子，向前走去。

那是一场激烈的打斗。3名恶少同时向艾文扑过来，篮子掉落在地上，艾文猛力挥拳，使那些小流氓大感意外。他的右拳击中其中一个人的鼻子，左手打中他的腹部，那名恶少停止攻击，掉头跑了。另外两个人继续踢他、打他，他跳了起来，脚落在第二个人的身上，发疯似的，拳头如雨点般落在这个小流氓的腹部和下巴上。这个小流氓无招架之力，爬起来就跑掉了。

现在只剩下了那个带头的小流氓。艾文恶狠狠地盯着对方，带头的小流氓被艾文严厉的目光逼得一步一步倒退，最后也跑掉了。艾文愤然捡起一个煤块，向他打过去。

直到这时候，艾文才发现自己的鼻子流血了，身上也布满了瘀紫的伤痕。这一切都值得！这是艾文生命中伟大的一天。因为，他克服了自己恐惧懦弱的心理。

艾文的身材和一年前相差无几，他的对手还和原来一样强悍。不同的是，艾文下定决心不再受人欺负。从那天开始，他改变了自己的世界。

艾文打败3名街头恶少之时，就再也不是以前那个胆小懦弱的自己了，而是哈瑞特·亚格书中的少年英雄罗伯特·卡夫迪。从小便不怕邪恶的艾文，长大后成了一名让罪犯们害怕的法官。

【心灵悟语】

勇敢，是一种优秀的心理品质。一个从小就勇敢的孩子，不怕困难，不怕危险，并且能够战胜困难，在危险中学会自救。尤为重要的是，这种勇敢的表现将影响他的一生。

勇气是一种战胜恐惧的有力武器。勇气可以让人在遇到挫折时，不畏惧，不回避，勇敢去面对挫折，去接受一切挑战，战胜困难。生活中，我们如果能带着勇气上路，任何事情就都不能阻挡我们前进。

敲进军鼓

有勇气的人是不惊慌的人，有勇气的人是考虑到危险而不退缩的人。在危险中仍然保持他的勇气的人是勇敢的，轻率的人则是莽撞的，轻率的人敢于去冒险是因为他不知道危险。

——康德

如何让孩子更出色
——孩子要养成的 7 种优点

在马林果战役的前夕，拿破仑坐在营帐里，凝视着面前摊开的一张意大利地图。他把四枚旗子按在地图上，一边挪动旗子，一边思考着。

过了一会儿，他自言自语地说："现在一切都好了，我要在这里抓住他！"

"抓住谁？"身旁的一个军官问道。

"墨拉期，奥地利的老狐狸，他要从热那亚回来，路过都灵，回攻亚历山大里亚。我要过河，在塞尔维亚平原迎接他，就在这儿打败他。"拿破仑的手指向马林果。

但是，马林果战役打响后，法军受到敌军强有力的抵抗，只剩招架之功，拿破仑精心筹措的胜利眼看就要成为泡影。

正在法军败退之际，拿破仑手下的将领德撒带着大队骑兵驰过田野，停在拿破仑站着的山坡附近。队伍中有一个小鼓手，他是德撒在巴黎街头收留的流浪儿。

当军队停住时，拿破仑朝小鼓手喊道："击退兵鼓。"

这个孩子却没有动。

"小流浪汉，击退兵鼓！"

孩子拿着鼓槌向前走了几步，大声说道："啊，大人，我不知道怎么击退兵鼓，德撒从来没有教过我。但是我会敲进军鼓，是的，我可以敲进军鼓，敲得让死人都排起队来。我在金字塔敲过它，在泰泊河敲过它，在罗地桥又敲过它。啊，大人，在这里我可以敲进军鼓吗？"

拿破仑无可奈何地转向德撒："我们吃败仗了，现在可怎么办呢？"

"怎么办？打败他们！要赢得胜利还来得及。来，小鼓手，敲进军鼓，像在泰泊河和罗地桥一样地敲吧！"

不一会儿，队伍跟着德撒的剑光，随着小鼓手猛烈的鼓声，向奥地利军队横扫而去，敌人被打得节节败退。德撒在敌人的第一排子弹中倒下了，但是军心并没有动摇。当炮火消散时，人们看到那个小流浪儿走在队伍的最前面，笔直地前进，仍旧敲着激昂的进军鼓。他越过死人和伤员，越过营垒和战壕。他的脚步从容不迫，鼓声振奋人心，他以自己勇往直前的精神开辟了胜利的道路。

【心灵悟语】

　　成功永远属于勇往直前的人。勇往直前，意味着不给自己退路；勇往直前，意味着无畏前途的坎坷曲折；勇往直前，意味着跌倒后还有前进的勇气；勇往直前，意味着为了到达成功的彼岸，有不败的决心、不屈的意志和不弃的信念。

　　西方的一位哲人说："迎头搏击才能前进，勇气减轻了命运的打击。"中国也有一句古话"狭路相逢勇者胜"，要想成功，唯有勇往直前，即使是高耸入云的山峰，也不要害怕，勇敢攀登上去，即使是遍体鳞伤，也要义无反顾、风雨兼程。

迁徙的角马

走得最远的人，常是愿意去做，并愿意去冒险的人。

——卡内基

　　每年夏天，上百万头角马从非洲干旱的塞伦盖蒂北上迁徙到马赛马拉的湿地。

　　在这艰辛的长途跋涉中，格鲁美地河是唯一的水源。这条河与迁徙路线相交，对角马群来说既是生命的希望，又是死亡的象征。因为角马必须靠喝河水维持生命，但是河水还养育着其他生命，例如灌木、大树和两岸的青草，而灌木丛还是猛兽藏身的理想场所。冒着炎炎烈日，焦渴的角马群终于来到了河边，狮子突然从河边冲出，将角马扑倒在地。涌动的角马群扬起遮天的尘土，挡住了离狮子最近的那些角马的视线，一场杀戮在所难免。

　　在河流缓慢的地方，又有许多鳄鱼藏在水下，静等角马到来。经常会有一群鳄鱼一同享用一头不幸的角马。有时，湍急的河水本身就是一种危险。

如何让孩子更出色
——孩子要养成的 7 种优点

角马群巨大的冲击力将领头的几头角马挤入激流中，它们不是被淹死，就是丧生于鳄鱼之口。

这天，角马们来到一处适于饮水的河边，它们似乎对这些可怕的危险了如指掌。领头的角马磨磨蹭蹭地走向河岸，每头角马都犹犹豫豫地走几步，嗅一嗅，嘶叫一声，不约而同地又退回来，进进退退像跳舞一般。它们身后的角马群闻到了水的气息，一齐向前挤来，慢慢将领头的角马们向水中挤去，不管它们是否情愿。角马们已经有很长时间没饮过水了，你甚至能感觉到它们的绝望，然而，舞蹈仍然继续着。

终于，有一只小角马脱群而出，开始痛饮河水。为什么它敢于走入水中？是因为年幼无知，还是因为渴得受不了？那些大角马仍然惊恐地止步不前，直到角马群将它们挤到水里，才有一些角马喝起水来。不久，角马群将一头角马挤到了深水处，它恐慌起来，进而引发了角马群的一阵骚乱。然后，它们迅速地从河中退出，回到迁徙的路上。只有那些勇敢地站在最前面的角马才喝到了水，大部分角马或是由于害怕，或是无法挤出重围，只得继续忍受饥渴。

每天两次，角马群来到河边，一遍又一遍重复着这一"仪式"。

沿着河边向上游走100米就是平地，它们从那里很容易喝到水。但是它们宁可站在远处痛苦地鸣叫，也不肯向着目标前进。

【心灵悟语】

对于个人发展来说，冒险是通向成功的必由之路。在很多情况下，强者之所以成为强者，就是因为他们敢为别人所不敢为。如果缩手缩脚，即使有比别人更新的思想，也只能错过机会，成为过时的东西。

人生，就如同大海的波涛，既有高高的波峰，又有深深的波谷，在连绵不断的起伏跌宕中谱写激昂的人生之歌。没有风浪、平静如一潭死水的生活，又有多少荡人心魄的力量，有多少可以引起自豪的成分呢？对于强者来说，"无险不足以言勇"。因此，真正的强者，厌恶平淡无奇的生活，他们渴望冒险，希望在生活中掀起巨浪，喜欢充满传奇色彩的浪漫生活。从这个意义上说，敢不敢冒险，正是区别强者和弱者的标志之一。

培养优点小贴士：如何成为一个勇敢的人

1.培养冒险精神

勇敢与冒险是紧密相连的，适度的冒险是培养勇敢品质的重要方法。青少年具有冒险精神，有助于其心态与身体的发展。他们有勇气做任何事情，就会获得更多成功的机会。这就好比金融投资中所说的"风险越大，受益可能就越多"，反之，不冒任何风险相当于没有投资，那就不可能获利。因此，要想在前进道路上有所作为，就必须敢于冒险，你没有必要去担心或惧怕，你应该打破你的规矩，突破你的闭锁，发挥敢为人先的冒险精神，去体验冒险给你带来的快乐及成功。

2.适当地参加一些锻炼勇敢品格的活动

一个人品格的形成要通过各种历练，一些体育运动，比如溜冰、游泳、爬山、过独木桥，等等，既可以锻炼身体，又可以锤炼品格，何乐而不为呢？

3.敢于尝试

做任何事，如果不去尝试，我们就永远不会知道结果。尝试过后或许会失败，但是却可以从失败中吸取教训，从而为下一次的尝试做准备。尝试是人们取得成功的前提，没有尝试就没有成功，没有尝试就没有创造发展，没有尝试就没有个人的进步和社会的发展，因为安于现状的人不会去尝试做什么，自然不会取得成功。在人生的道路上，如果我们连尝试的勇气都没有，那么我们的人生就会像一杯平淡无味的白开水，少了生命中不同尝试带来的不同结果所给予的缤纷绚丽的色彩。这样的你，又怎能体味到生命的精彩呢？

4.积极行动

积极的行动可以驱散内心的恐惧感。我们只要凡事能够积极行动，就能越来越勇敢。所谓的"勇敢"便是明明知道很可能会失败，却仍然积极行动，在停止多虑、展开行动的那一刻，内在自信的种子就会开始萌发，内心的恐惧感就会逐渐消失。

5.区分勇敢和鲁莽

生活中，很多人认为只要坚强大胆、不畏艰险、迎难而上，就是勇敢。事实并非如此，真正的勇敢并不等于鲁莽，二者虽有共同之处，即胆量大，但勇敢者是冷静的，他能机智、细心地应对挑战，处理问题；鲁莽者则是胆大妄为，举止轻率，虽不惧艰险，却缺少思维和理智的判断，意气用事，最后只能事倍功半，甚至解决不了任何问题。

坚持自我，演绎本色人生

龅牙歌星

当你把自己独有的一面展示给别人时，魅力就随之而来了。

——索菲娅·罗兰

凯斯·黛莉从小就有一个不为人知的梦想：她想成为像芭芭拉·史翠珊那样有名的歌手。

黛莉从未向别人透露过这个梦想。她只是在没有人的时候放开嗓子歌唱。其实原因很简单：她长着一张难看的阔嘴和一口奇怪的龅牙。

黛莉一直对自己的龅牙耿耿于怀。在高中毕业聚会时，因为每个人都得表演节目，她便选择了唱歌。她穿着母亲的白色小礼裙，紧张地站在舞台中央。音乐响起，她开始和着唱。她一直很在意自己的牙齿，为了使它不影响自己的魅力，她一直想办法把上唇向下撇，以此来掩饰她突出的龅牙。像这样唱歌当然十分别扭，她唱得心不在焉，声音变得扭扭捏捏，甚至忘了好几段歌词。

同学们看到她奇怪的样子，忍不住哄堂大笑。这是黛莉第一次公开演唱，却得到这种结果。她沮丧万分。

这时，音乐老师史密斯夫人来到她身旁，很诚恳地说："黛莉，其实你的嗓子很棒，完全可以唱得更好。但你唱歌时，好像在试图掩饰着什么。你不太喜欢自己那口牙齿吧。"

黛莉被说中了心事，羞得满脸通红。

史密斯夫人直率地说："这又有什么关系呢？龅牙并不是什么罪过，你为什么要拼命地掩饰呢？张开你的嘴巴。只要你自己不引以为耻，观众就一定会喜欢你。说不定，这口牙齿还能给你带来好运气呢！"

黛莉接受了老师的建议。她开始大胆地在各种公共场合演唱。她不再去想自己的龅牙，只是张开嘴，尽情地放声歌唱。几年后，黛莉成了顶尖的歌星。

【心灵悟语】

每个人都有自己特定的优缺点，如果你太在意世俗的观念，那么就会将自己改造成他人。这个世界上的每个人都是独一无二的。别人怎么看你，那是他个人的问题，与你没多大关系。而你怎样看待自己，才是最重要的。

世界上没有两片相同的叶子，同理，世界上也没有两个完全相同的人。你作为一个能够独立思考的个体，会有许多不同于他人甚至比他人优秀的地方，那样你就应该用自己特有的形象来丰富生活。也许你会在一些地方不如他人，但如果你乐观、自信，那么就会显示出你有别人不能企及的优势。

如何让孩子更出色
——孩子要养成的 7 种优点

麻雀学走路

　　每个人在受教育的过程当中，有段时间都会确信：嫉妒是愚昧的，模仿只会毁了自己；每个人的好与坏，都是自身的一部分；纵使宇宙间充满了好东西，不努力你什么也得不到；你内在的力量是独一无二的，只有你知道自己能做什么，但是除非你真的去做，否则连你也不知道自己真的能做。

　　　　　　　　　　　　　　　　　　　　　　　　　　　　——爱默生

　　很久以前，有一只麻雀总想学习孔雀走路的样子。它觉得孔雀走路看起来很高贵，特别是当孔雀抖开尾巴上美丽的羽毛时，那开屏的样子是多么漂亮啊！"我也要像这个样子，孔雀能做到的，我也一定能做到，"麻雀想，"那时候，所有的鸟都会羡慕我、赞美我。"

　　于是，麻雀开始模仿孔雀的样子，它伸长脖子，抬起头，深吸一口气让小胸脯鼓起来，伸开尾巴上的羽毛，也想来个"麻雀开屏"。可是这些做法是那么不合事宜，当麻雀学着孔雀的步法前前后后地踱着方步时，它感到十分吃力，脖子和脚都疼得不得了。最糟糕的是，其他的鸟类都嘲笑它。不一会儿，麻雀就受不了了。

　　"这实在太难受了！我不想再学了，"麻雀想，"我当孔雀也当够了，我还是当个麻雀吧！"但是，当麻雀还想像原来那个样子走路时，已经不行了。麻雀没法像以前那样走路了，除了一步一步地跳之外，再没别的办法了。

【心灵悟语】

　　模仿别人很容易毁了自己。其实，我们每个人都有各自的特点和长处，但却总是容易忽视自己的长处，只看到别人的长处。结果就像麻雀模仿孔雀一样，自己的长处得不到发挥，在模仿别人长处的过程中却付出了惨痛的代价。

　　总是模仿别人的人是不会取得成功的，哪怕他模仿的是一个成功者。成功是不能复制的，它本来是一种原创的力量，是一种富有个性的创造。如果一个人总是偏离自我而试图成为别人，或者试图去模仿其他人而不是自己，那么他模仿的程度越高，他失败的可能性就越大。

　　不要模仿他人，做最真实的自己。每一个人都应庆幸自己是世上独一无二的，应该将自己的禀赋发挥出来，而不是亦步亦趋地跟在别人身后，和别人跳进同一个圈子里，跳一样的舞蹈。在所有缺点中，最无可救药的就是失去自我，成为别人的复制品。

保持本色

　　世上最糟糕的事是一个人不能成为自己，并且不能在身体与心灵中保持自我。

——基尔凯

　　苔丝·里德太太从小就特别敏感而腼腆，她一直很胖，而她的脸使她看起来比实际还胖得多。苔丝有一位很古板的母亲，她认为把衣服弄得漂亮是一件很愚蠢的事情。她总是对苔丝说："宽衣好穿，窄衣易破。"而母亲总照这句话来帮苔丝穿衣服。所以，苔丝从来不和其他的孩子一起做室外活动，甚至不上体育课。她非常害羞，觉得自己和其他人不一样，完全不讨人喜欢。

　　长大之后，苔丝嫁给一个比她大好几岁的男人，可是她并没有改变。她丈夫一家人都很好，也充满了自信。苔丝尽最大的努力要像他们一样，可是她做不到。他们为了使苔丝能开心地做每一件事情，都尽量由着她，但这样反而使苔丝变得紧张不安，她甚至怕听到门铃响。苔丝知道自己是一个失败者，但她又怕她的丈夫会发现这一点。所以每次他们出现在公共场合的时候，她假装很开心，结果常常表现得太过分。事后苔丝会为此难过好几天。最后不开心到她觉得再活下去也没有什么意思了，苔丝开始想自杀。

　　后来，婆婆一句随口说出的话改变了这个不快乐的女人的生活。有一

如何让孩子更出色
——孩子要养成的7种优点

天，苔丝的婆婆正在谈她怎么教养她的几个孩子，她说："不管事情怎么样，我总会要求他们保持本色。"

"保持本色！"就是这句话！在那一刹那之间，苔丝才发现自己之所以那么苦恼，就是因为她一直在试着让自己适应于一个并不适合自己的模式。

苔丝后来回忆道："在一夜之间我整个人都变了，我开始保持本色。我试着研究我自己的个性、自己的优点，尽我所能去学色彩和服饰知识，尽量去穿适合我的衣服。主动地去交朋友，我参加了一个社团组织——起先是一个很小的社团——他们让我参加活动，我吓坏了。可是我每发一次言，就增加了一点勇气。这一天我所得的快乐，是我从来没有想过可能得到的。在教养我自己的孩子时，我也总是把我从痛苦的经验中所学到的结果教给他们：不管事情怎么样，总要保持本色。"

【心灵悟语】

人们没有必要总是看到别人的长处，而忽略自己的优点。每个人都要学会对自己有一个全面、公正的认识，要知道自己也可以成为"太阳"。

沙粒不会因为自己的渺小而放弃聚集成塔，小溪不会因为自己的狭窄而放弃汇成江河，小草不会因为自己的卑微而放弃形成草原。作为万物之灵长的我们难道不更应该坚持自我吗？

每个人生来就是独一无二的，模仿别人，便是扼杀自己。不论好坏，你都必须保持本色，自己的本色是自然界的一种奇迹，也是上苍给每个人最好的恩赐。记住，你就是你，只有坚持自我，保持本色，按照适合自己的模式去生活，你才会拥有快乐的人生。

索菲亚·罗兰的成功

想要集中他人所有的优点于一身，是最愚蠢、最荒谬的思想。

——卡内基

蜚声世界影坛的意大利著名电影明星索菲亚·罗兰能够成为令世人瞩目的超级影星，与她对自己价值的肯定以及她的自信心分不开的。

为了生存，以及对电影事业的热爱，16岁的罗兰来到了罗马，想在这里涉足电影界。没想到，第一次试镜就失败了，所有的摄影师都说她够不上美人标准，都抱怨她的鼻子和臀部。没办法，导演卡洛·庞蒂只好把她叫到办公室，建议她去整容：把臀部削减一点儿，把鼻子缩短一点儿。一般情况下，大部分演员都会对导演言听计从。可是，小小年纪的罗兰却非常有勇气和主见，拒绝了对方的要求。她说："我当然知道我的外形跟已经成名的那些女演员颇有不同，她们都相貌出众，五官端正，而我却不是这样。我的脸毛病太多，但这些毛病加在一起反而让我更有魅力。如果我的鼻子上有一个肿块，我会毫不犹豫把它除掉。但是，说我的鼻子太长，那是无道理的，因为我知道，鼻子是脸的主要部分，它使脸具有特点。我喜欢我的鼻子和脸本来的样子。说实在的，我的脸确实与众不同，但是我为什么要长得跟别人一样呢？"

"我要保持我的本色，我什么也不愿改变。"

"我愿意保持我的本来面目。"

正是由于罗兰的坚持，使导演卡洛·庞蒂重新审视，并真正认识了索菲亚·罗兰，开始了解她并且欣赏她。

罗兰没有对摄影师们的话言听计从，没有为了迎合别人而放弃自己的个性，没有因为别人的话而丧失信心，最终她才得以在电影中充分展示她与众不同的美。她的独特外貌和热情、开朗、奔放的性格开始得到人们的承认。后来，她主演的《两妇人》获得巨大成功，她因此而荣获奥斯卡最佳女演员奖金像奖。

【心灵悟语】

每个人都是独立的个体，与其花过多的时间、精力去学习别人，不如找出自己的所能、所长去尽情发挥。成功者走过的路，通常都不适合其他人跟着重新再走。每个成功者都有自己独特的、不能为别人所仿效和重复的经历。与其一味地模仿别人，还不如充分利用自己的优势，让别人来羡慕你。坚持自我本色，在顺其自然中充分发展自己是最明智的。

　　一个心智成熟的人，最重要的标志就是不随波逐流，不妄自菲薄，敢于坚持自我、保持本色。但是坚持自我不等于一意孤行，故步自封，坚持自我还包括对自我有较清醒的认识，对他人的意见有选择地接受和摒弃，在坚持自我的同时也要善于倾听，适应他人、适应团体、适应社会，这样才能绽放出属于自己的光辉。

培养优点小贴士：如何坚持自我、保持自我的本色

　　1.建立自信

　　培养强烈的自信感是坚持自我的第一步。如果你对自己没有任何信心，你怎么能期待别人信任你呢？所以，请自信地做人，自信地做事，自信地说话，自信地追求并坚守，千万别轻易地怀疑自己。

　　2.克服自卑

　　自卑是一种消极的自我评价，它表现为个体对自己能力评价偏低的一种消极情感。自卑感的产生，往往不是认识上的不同，而是感觉上的差异。其根源就是人们不喜欢用现实的标准或尺度来衡量自己，而相信或假定自己应该达到某种标准或尺度。如"我应该如此这般""我应该像某人一样"等。这种追求大多脱离实际，只会滋生更多的烦恼和自卑，使自己更加抑郁和自责。自卑是人生成功之大敌，所以我们要克服自卑。

　　3.正确看待自己

　　坚持自我，就是要正确全面地看待自己。每个人都有优点，没有哪一个

人是一无是处的。只要你善于把自己的优点放大，然后自信地展示出来，那么你就是一个很有成就的人。

4.在行动中证明自己

我们之所以会羡慕他人或模仿他人，就是因为我们对自己不自信。我们要相信自己，在自己擅长的那一个方面，用实际行动来证明自己，充分认识到自己的长处，并朝着那一方面去发展，这样我们才会变得更自信。

果断决策，迅速出击

买裙子

世上没有一个伟大的业绩是由事事都求稳操胜券的犹豫不决者创造的。

——爱略特

一个爱美的女孩，20岁的时候，她在一家服装精品屋里看见一条紫色的裙子，那裙子漂亮极了，淡紫色的绒纹上绣着一朵一朵鹅黄色的牵牛花，雍容而华贵，典雅而精美，女孩一看就喜欢上了。她真的想把它买下来，但在就要招呼店主的那一刹那，她犹豫了。

是啊，自己怎么敢买这样的裙子呢？在自己那个偏僻又古老的小村子里，女孩留一个时尚一点的发式，戴一条鲜艳一些的纱巾，都会被全村的人议论上几天，自己买上这么一条紫色的裙子，在村子里怎么能穿得出去呢？女孩犹豫再三，恋恋不舍地用手反复抚摩着那条紫裙子，最后叹口气走了。

后来，女孩从深山辗转到了一个繁华的都市里，她有了自己富有而幸福

如何让孩子更出色
——孩子要养成的 7 种优点

的家庭，有了体面且收入不菲的工作。有一年夏天，女孩忽然想起那一条挂在商店里的紫裙子，于是她就在都市琳琅满目的服装店里拼命寻觅那种紫裙子。一个又一个的服装店她都去过了，但她始终没有找到她记忆中的那种紫裙子。

实在没办法，她去了布料市场上找那一种紫布料，但找来找去，却始终找不到那一种让她沉醉的紫色。后来，她托亲戚、托朋友到别的城市去寻觅那种紫裙子或者紫布料，一直寻觅了十多年，最后，一个十分要好的朋友才在南方一个偏远的小城里帮她找到了一段那种紫布料。

找到布料后，她又发愁了，到哪里去找一个能裁那种衣裙、能绣那种花朵的裁缝呢？于是她遍寻满城的裁缝，但找了几年，竟没有一个人能做出那种风姿绰约的紫裙。

好多年后，一个远方的朋友忽然欣喜地告诉她，找到那个会裁那种紫裙会绣那种花色的裁缝了，她欣喜若狂，立刻带上那卷紫布千里迢迢地去找那个裁缝。

裙子终于做好了，真的是那种淡紫色，真的是那种绣着鹅黄色牵牛花的，真的还是那么雍容、那么华贵、那么典雅、那么精美，但裁缝的一句轻轻问话让她愣了。裁缝问她说："这是给你女儿还是给你孙女做的？"

给女儿还是孙女做的？她一愣，是啊，自己已经年过6旬了，已经是个鬓发初白的老太太了，这么纤细这么漂亮的裙子自己还能穿吗？她真的后悔那时自己没有买下那条紫色的裙子。自己那时的身段、那时的年龄正是穿那种裙子的时候啊！如今裙子终于有了，而自己却已经老了。

【心灵悟语】

今天的犹豫，肯定会造成我们明天的后悔。对于一个想要取得成功的人来说，最大的敌人就是犹豫不决。犹豫不决是心灵的腐蚀剂，是行动的绊脚石。性格果断者绝不会在优柔寡断中浪费掉宝贵的机会，他们是敢于同时间赛跑的强者，在转瞬即逝的机会面前，他们总能以迅雷不及掩耳之势，高效、快速地把事情做成功。

迅速做出决定

果断的信心，能使平凡的人们，做出惊人的事业。

——马尔顿

1875年春的一天，美国实业家亚默尔像往常一样在办公室里看报纸，一条条的小标题从他的眼睛中溜过去。突然，他的眼睛发出了光芒，他看到了一条十几字的时讯：墨西哥可能出现了猪瘟。

他立即想到：如果墨西哥出现猪瘟，猪瘟就一定会沿着加利福尼亚州、得克萨斯州传入美国，一旦这两个州出现猪瘟，肉价就会飞快上涨，因为这两个州是美国肉食生产的主要基地。想到此处他内心非常兴奋，立即拨通家庭医生的电话，问医生是不是要去墨西哥旅行。家庭医生一时间弄不清什么意思，满头雾水，不知怎么回答。亚默尔只简单地说了几句，就对他的家庭医生说："请你马上到野餐的地方来，我有要事与你商议。"

那天正好是周末，亚默尔已经与妻子约好，一起到郊外去野餐，所以，他把家庭医生约到了他们野餐的地方。

亚默尔与他的妻子和他的家庭医生很快聚集在了一起，他满脑子都是报纸上的那条消息，此时对野餐已经失去了兴趣。他最后说服他的家庭医生，请其马上去一趟墨西哥，证实一下那里是不是真的出现了猪瘟。医生立即飞往墨西哥，很快证实了墨西哥发生猪瘟的消息，亚默尔当即动用自己的全部资金大量收购加利福尼亚州和得克萨斯州的肉牛和生猪，并运往美国东部的几个州。

亚默尔的预料是正确的，瘟疫很快蔓延到了美国西部的几个州，美国政府的有关部门下令禁止加利福尼亚州、得克萨斯州的肉食品外运。一时间，美国国内市场肉类产品奇缺，价格猛涨。亚默尔乘机把自己准备好的肉牛和生猪投放市场，狠狠地发了一笔大财。在短短的几个月时间内，就赚了100多万美元。

为什么亚默尔能够成功？原因其实很简单，就是因为他比别人更能准确地把握契机，一旦发现商机就果断出击，决不犹豫。

【心灵悟语】

所谓兵贵神速，遇到机会时，只有快速出手的人，才会多一分取胜的机会。一个果断的人，可以既准确又快速地做出判断，并且付诸行动，进而把握做事成功的主动权。

但凡成就大业者都能把握时机，果断出手。他们对应该去做的事情毫不犹豫、毫不怀疑，对自己认准的事情全力以赴，因此成功永远属于它们。

该出手时就出手

人生成功的秘诀是当机会来临时，立刻抓住它。

——狄斯累利

委内瑞拉著名的石油大亨拉菲勒·杜戴拉是一个白手起家的富豪，在不到20年的时间里创建了10亿美元的产业。他成功的原因有很多，但最主要的一点是：他能够把握契机，扩展事业。

20世纪60年代，杜戴拉已经拥有了一家玻璃制造公司，但他对此并不满足，一直渴望能进军石油行业。为此他不断地搜寻契机，当得知阿根廷准备在市场上买3000万美元的丁二烯油气时，他认为机会来了。于是，杜戴拉来到阿根廷，想看看能否获得合约。但是当他到那时，才发现自己的竞争对手竟然是实力雄厚的英国石油公司和壳牌石油公司。虽然知道与实力强大的对手竞争很难获胜，但他并不愿意就此善罢甘休，于是他积极寻找制胜"法宝"。他了解到阿根廷牛肉生产过剩，他认为这就是他获胜的筹码。

杜戴拉找到阿根廷政府说："如果你们愿意从我这买3000万美元的丁二烯油气，我将向你们采购3000万美元的牛肉。"当时阿根廷政府正在为牛肉的事情而苦恼，听了杜戴拉提出的条件后，非常满意，于是决定和他做这笔交易。

杜戴拉得到阿根廷政府的许诺后，迅速飞到西班牙，那里的造船厂因无活可接而濒临倒闭，西班牙政府却一直没有解决。杜戴拉对西班牙政府说："如果你们从我这买3000万美元的牛肉，我就在你们的制造厂订造3000万美元的油轮。"然后，杜戴拉又马不停蹄地飞到了美国的费城，这是他最关键的一次谈判，杜戴拉做了充足的准备。他对太阳石油公司的经理说："如果你们愿意租用我在西班牙建造的3000万美元的油轮，我将向你们购买3000万美元的丁二烯油气。"太阳石油公司没有提出异议就同意了。杜戴拉以此为契机，顺藤摸瓜地进入了石油行业。

【心灵悟语】

杜戴拉的成功看似有些偶然，实则是他能紧紧抓住稍纵即逝的机会所致。他能够果断地实行自己的计划，不浪费一分钟的时间和一点点的机会。

果断是指善于在复杂的情境中迅速而有效地做出决定。欲求成功，把握时机很重要，时机稍纵即逝，只有处事果断，才能抓住有利时机。

强者不是有勇无谋的武夫，而是智勇双全的勇士。他们随机应变，而不优柔寡断，"该出手时就出手"是强者的英雄本色。

金利来的翻身战

谨慎毫无用处，除非再加上果断。

——培根

如何让孩子更出色

——孩子要养成的 7 种优点

　　1973年，金利来公司刚成立3年，香港由于世界经济的不景气也出现了严重的经济疲软。由于投资减少、消费乏力、市场疲软，各大百货公司都纷纷减少进货。迫使领带行情跌落，许多厂家都急于采用大降价的手段将领带出手。一时间，香港市场上领带价格雪崩，厂商纷纷叫苦不迭。

　　面对这种困难局面，金利来有两种选择：

　　第一，跟随潮流，降低售价，通过出让一部分利润保住市场占有率，但这样做容易给人一种"金利来产品也不可靠"的印象。

　　第二，保持原价不变，宁肯丢掉部分市场，也要在消费者中留下"金利来品位高"的印象。

　　董事长曾宪梓权衡利弊，果断地决定走后一步棋。

　　于是，他利用市场疲软的机会，廉价租来各大百货公司的柜台，派人去设专柜推销自己的产品。他利用对手进货减少，品种不齐全之机，增加花色品种，提高领带质量，而价格一分也不降，从而给人一种货真价实，铁价不二的印象。

　　面临困境，采用这一决策无疑需要果断的决策胆量，需要极大的勇气。但这样一来，金利来的身价增加了，经济危机过后，金利来更是成为名牌产品的象征，市场的份额扩大了好几倍。

【心灵悟语】

　　果断是成功者的一种优秀的意志品质。一个人如果具有这种心理品质，决策起来就会当机立断，毫不犹豫。这种人常被称赞有魄力，在关键和危难时刻敢迎难而上，当机立断，毫不畏惧。

　　获得成功的最有效的办法，是迅速做出该怎么做一件事的决定。排除一切干扰因素，而且一旦做出决定，就不要再继续犹豫不决，以免我们的决定受到影响。有的时候犹豫就意味着失去。实际上，一个人如果总是优柔寡断，犹豫不决，或者总在毫无意义地思考自己的选择，那么一旦有了新的情况他就会轻易改变自己的决定，最终干不成任何事！

培养优点小贴士：如何培养果断的性格

1.树立自信心

一个人一旦有了信心之后，那么他就会变得乐观开朗勇敢，遇到事情就会果断决定，所以，建立自信心很重要。

2.把握时机，学会决断

每个成功的人在关键时刻都能把握时机，对事情做出果断的判决，而失败的人则犹犹豫豫，不能决断。当机遇出现在面前时，千万不要犹豫，因为机遇稍纵即逝。倘若犹豫不决，患得患失，只会错失良机。

3.独立思考

善于独立思考，不要被别人的意见所左右，只要是自己认准的事，就全力以赴地去完成。

4.有勇气为自己的选择负责

人生是一个不断选择的过程，其中最关键的就是要有勇气承担自己选择的后果。每一次选择都有风险，即使失败也不能气馁，勇于对自己的选择负责也是一种果断的表现。

5.做事谨慎

果断做决定时也要谨慎，不要轻率、冒失，要不然害人害己。

6.从小事做起

因为小事上的决断不仅容易做到，而且即使错了，也不会引起太严重的不良后果。随着决断程度的不断提高，我们要不断培养自己在关键时刻做出正确决断的能力。只有当断则断，你才能真正掌握生活的主动权。

第三章　行为优点：
好行为才能带来好结果

自立自强，才能活出精彩

有主见，学会自我选择

只有我自己才是我的生命和我的灵魂的唯一合法的主人。

——高尔基

名震世界的男高音歌唱家帕瓦罗蒂，就是因正确的人生选择才向人们展示了他歌唱方面的才华。

帕瓦罗蒂小的时候就显示出了唱歌的天赋。长大后，他仍然喜欢唱歌，但是他更喜欢孩子，并希望成为一名教师。于是，他考上了一所师范学校。

临近毕业的时候，帕瓦罗蒂问父亲："我应该怎么选择？是当教师呢，还是成为一名歌唱家？"他的父亲这样回答："孩子，如果你同时坐两把椅子，你就会掉到两把椅子之间的缝里。在生活中，你应该选定一把椅子，并且在选定之后，义无反顾地坐到上面。"

听了父亲的话，帕瓦罗蒂选择了唱歌这把椅子。可遗憾的是，7年时间过去了，他还是无名小辈，他甚至想到了放弃歌唱事业。但帕瓦罗蒂想起了父亲的话，于是他坚持了下来。

又经过了一番努力后，帕瓦罗蒂终于崭露头角，并且声名节节上升，成了活跃于国际歌剧舞台上的最佳男高音。

当一位记者问帕瓦罗蒂成功的秘诀时，他说：我的成功在于我在不断的选择中选对了施展自己才华的方向，我觉得一个人施展才华的第一步，就是

如何让孩子更出色
——孩子要养成的 7 种优点

要选对人生奋斗的方向。

【心灵悟语】

  人生成败，源于选择。在这个世界上，通向成功的道路何止千万条，但你要记住：所有的道路都不是别人给的，而是你自己选择的结果。所以，你有什么样的选择，也就有什么样的人生。

  选择是把握人生命运的最伟大的力量。在这个很精彩且很复杂的世界里，无论是强者还是弱者，无论是成功者还是失败者，无论是大人物还是小人物，他们之间最重要的区别就是对人生之路选择的差别。谁选择对了，谁就掌握了人生的命运。

约翰·库缇斯的故事

  吃自己的饭，流自己的汗；自己的事情自己干。靠天靠地靠祖上，不算是好汉。

——郑板桥

  这个来自澳大利亚的希腊人——约翰·库缇斯，出生时，他的脊椎下部没有发育，两条腿细得像豆芽，根本没有成型，既无法行走，也无法安装假肢。由于腿部完全没有发育，刚刚出生的小约翰看起来只有一个大号可口可乐瓶子那么大。医生们没有指望他能活过24小时。"抱歉，"医生对小约翰的父亲建议道，"看来您需要举行一场葬礼。"可是，当父亲含着泪准备好葬礼之后，却发现他的儿子还活着。小约翰，一天天长大了。1987年7月14日，17岁的约翰·库缇斯接受了截肢手术。这个一出生就被医生断言活不过当天的残疾人一直顽强地活到现在。

  他从12岁起就开始打室内板球。同时，他还是一位优秀的举重运动员和轮椅橄榄球运动员。1994年约翰·库缇斯成为澳大利亚残疾人网球赛的冠军，并作为澳大利亚板球队的一员被邀请去南非旅行，有幸受到了南非总统纳尔逊·曼德拉的接见。

为了自强自立，更为了用自己的拼搏精神和不甘向命运低头的意志去激励别人，约翰·库提斯在向命运和自身残疾挑战的同时，喜欢上了演讲事业。在8年多的激情演讲中，他"走"过190个国家和地区，成为闻名各国的传奇人物，并被誉为"世界激励大师"。在"走"向各个国家和地区的演讲征程中，他经常会用一只胳膊支撑着身体，腾出另一只手推动滑轮，带动不到1米高的躯体在地面上快速前行。无论"走"到哪里，无论遇到多少困难，他的头始终高昂着，神情中甚至有几分骄傲。当有人对他如此"卖力"和不珍惜自己的身体有些不解时，他总是充满自信地说："我这样做的唯一原因就是激励别人，证明自己没有什么不可能！"

约翰·库提斯在演讲中曾不止一次地讲述过他早年申请驾照时的一段趣闻。当时他坐在椅子上，接待他的人坐在柜台里，只能看见他的上半身，接待人员便问他有没有残疾。"怎么跟你形容呢？"约翰·库提斯说完双手撑住柜台猛地跳了起来，"这算不算残疾？"吓得那名接待员几乎晕了过去。在向人介绍自己时，他说："你们看到的我没有双腿，但我却能做很多的事情；而有的人四肢健全却什么也做不成，整天抱怨：为什么我不能这样、不能那样。"在一些地方演讲时，他不止一次地对听众说："现在我来到这里，就是想用自己的成长经历来激励别人——无论你现在的状况有多差，要永远相信明天可以更美好。我现在每天都很忙，在世界各国演讲。我是在激励别人，也是在激励自己。别对自己说'不可能'，这是我这样一个残疾人永恒的信念。但愿我的激励会成为许多身体健全者的信念。"他一直在用自己的亲身经历去激励和感动别人。2000年，约翰拿到来自澳大利亚体育机构的奖学金时，从竞技体育中退役。2000年，约翰·库缇斯结婚了。在拥有美丽太太丽恩的同时，他还拥有了他太太的儿子——6岁的克莱顿。

他，天生残疾，但他以拒绝死亡来挑战医学观念。他没有腿，也不依靠轮椅生活，但他却拥有世界级的自尊、自信和自立。

如何让孩子更出色
——孩子要养成的 7 种优点

【心灵悟语】

　　天助自助者。一个自立自强，敢向命运挑战的人，最终会取得成功。一个自暴自弃的人，得到的只能是别人的唾弃；一个可怜兮兮的人，得到的也许只能是怜悯；一个什么都做不来的人，只能得到鄙视的目光；一个可以做到但又不去做的人，很难得到同情与帮助。

　　命运不是别人给的，而是自己创造的。天助自助者，我们只有依靠自己的力量，才能得到机遇的垂青，才能把握好自己的命运。

我的生命不要被保证

我就是我自身的主宰。

——普劳图斯

　　杰弗里·波蒂这样讲述自己早年的经历：

　　我记得小学6年级的时候，我学习特别棒，几乎每次考试都拿第一名，老师送我一本世界地图，我很高兴，跑回家就开始看这本世界地图。很不幸，那天轮到我为家人烧洗澡水。我就一边烧水，一边在灶边看地图，看到埃及时，想到埃及很好，埃及有金字塔，有埃及艳后，有尼罗河，有法老王，有很多神秘的东西，我心想长大以后如果有机会我一定要去埃及。

　　我看得正入迷，一个人影的出现打断了我的思维，那个人胖胖的，围一条浴巾，用很大的声音跟我说："你在干什么？"

　　我抬头一看，原来是我爸爸，我说："我在看地图。"

　　爸爸很生气，说："火都熄了，看什么地图？"

　　我说："我在看埃及的地图。"

　　我父亲就跑过来"啪啪"给我两个耳光，然后气急败坏地大骂："还不生火，看地图有什么用处？"打完后，踢我屁股一脚，把我踢到了火炉旁边，很严肃地跟我讲："我保证你这辈子不可能到那么遥远的地方！赶快生火。"

我当时看着我爸爸，呆住了，心想："我爸爸怎么给我这么奇怪的保证，真的吗？我这一生真的不可能去埃及吗？我真的不能实现自己的愿望吗？"

20年后，我第一次出国就去了埃及，那时候出国很难，我的朋友都问我："到埃及干什么？"我说："因为我的生命不要被保证。"他们不会明白我为少年时期的愿望所付出的代价。

我坐在金字塔前面，买了张明信片写信给我爸爸。我写道："亲爱的爸爸，我现在在埃及的金字塔前面给你写信，记得小时候，你打我两个耳光，踢我一脚，保证我不能到这么远的地方来，现在我就坐在这里给你写信。"写的时候我感触非常深……

【心灵悟语】

"我的生命不要被保证！"这是一种多么催人奋进的力量啊！ 生命是需要自己来书写的，不是用来被保证的，没有人的生命是需要被保证的。一个人想要成功，就必须按照自己的意志行动，别人的讥笑、讽刺都不能动摇自己的信念。只要不把你的命运交给别人，你就能决定自己的命运。

自救的放牛娃

我们一定要自己帮自己。

——霍普特曼

从前，有个放牛娃上山砍柴，突然遇到老虎袭击，放牛娃吓坏了，抓起镰刀就跑。然而，前方是悬崖。老虎正在向放牛娃逼近。为了生存，放牛娃决定和老虎决一死战。就在他转过身面对张开血盆大口的老虎时，不幸一脚踩空，向悬崖下跌去。千钧一发之际，求生的本能使放牛娃抓住了半空中的一棵小树。这样就能够生存了吗？上面是虎视眈眈、饥肠辘辘的老虎，下面是阴森恐怖的深谷，四周到处是悬崖峭壁，即使来人也无法救助。吊在悬崖中的放牛娃明白了自己的处境后，禁不住绝望地大哭起来。

这时，他瞥见对面山腰上有一个老和尚，便高喊"救命"。老和尚看了看四周的环境，叹息了一声，冲他喊道："本人没有办法呀，看来，只有你自己才能救自己啦！"

放牛娃一听这话，哭得更厉害了："我这副样子，怎么能救自己呢？"

老和尚说："与其那么死揪着小树等着饿死、摔死，不如松开你的手，那毕竟还有一线希望呀！记住，你只能靠你自己！"说完，老和尚叹息着走开了。放牛娃又哭了一阵，还骂了一阵老和尚见死不救。天快要黑了，上面的老虎算是盯准了他，死活不肯离开。放牛娃又饿又累，抓小树的手也越来越没有力量。怎么办？放牛娃又想起了老和尚的话，仔细想想，觉得他的话也有道理。是啊，现在只能靠自己了。这么下去，只能是死路一条，而松开手落下去，也许仍然是死路一条，也许还有生存的可能。既然怎么都是个死，不如冒险试一试。

于是，放牛娃停止了哭喊，他艰难地扭过头，选择跳跃的方向。他发现万丈深渊下似乎有一小块绿色，会是草地吗？如果是草地就好了，也许跳下去后不会摔死。他告诉自己："怕是没有用的，只有冒险试一试，才能获得生存的希望。"他咬紧牙关，在双脚用力蹬向绝壁的一刹那松开了紧握小树的手。身体飞快地向下坠落，耳边有风声在呼呼作响，他很害怕，但他又告诉自己绝不能闭上眼睛，必须瞪大眼睛选择落脚的地点。奇迹出现了——他落在了深谷中唯一的一小块绿地上。

后来，放牛娃被乡亲们背回家养伤。两年以后，他又重新站立了起来。

【心灵悟语】

在生命的旅程中，我们难免会陷入各种危机，有的困难别人能帮助你解决，而有时候你所遇到的困难，别人未必能直接帮得上你，那么你就要学会自己救自己。

生活中，有的人总是寄希望于他人，总是想如果有人能拉我一把多好。想法是美好的，现实是骨感的。把希望寄托在别人身上，期望别人来给你解决困难，是不可能的。所有的一切只能靠自己。

培养优点小贴士：如何培养独立的品质

1. 做力所能及的事情

父母不可能照顾我们一辈子，因此我们从小就应该学做一些力所能及的事情，比如洗衣服、收拾文具、帮父母拖地、洗碗等。只有从小事做起，才能逐渐培养起独立自主的精神。

2. 克服依赖心理

依赖心理产生的源泉是人的惰性。要消除依赖心理，就要先消除身上的惰性。自己的事情自己做，不能老是等着别人。

3. 敢于发表自己的看法

不能别人说什么就是什么，你要有自己的想法，不能做随风倒的墙头草。

4. 自己拿主意

遇到事情时自己拿主意，自己决断，不要处处等别人出主意。

5. 参加社会实践

培养自己的自立能力，要大胆地投身到社会实践中。因为只有在社会生活中反复锻炼、不断实践，才能逐步提高我们的自立能力。

6. 独立思考

独立思考问题是独立解决问题的前提条件。一个人如果不善于独立思考问题，那么他面对新问题时将一筹莫展，束手无策。独立生活要求我们善于独立地思考问题。

有责任心，敢于承担责任

一次有关责任的试验

人须知负责任的苦处，才能知道尽责任的乐趣。

——梁启超

几位动物学家在狼身上做了一次有关责任的试验：

动物园里有3只狼，是一家三口。这3只狼一直是由动物园来饲养的。动物学家为了恢复狼的天性，与动物园共同决定将它们送到森林里，让它们像其他的狼那样生活。经过研究决定，他们首先将身体强壮的狼父亲放回，因为它的生存能力应该比母狼和幼崽强一些。

放走了公狼，研究人员开始观察它的行踪，他们发现，狼父亲总是无精打采的，总是一副很饿的样子。虽然研究人员有些担心狼父亲的生存问题，但并未让动物园再收留它，而是将幼狼放回到它身边。

这个举动让狼父亲振奋了许多，它的身体好像忽然充满了活力，每天都积极地为它的孩子捕食，两只狼相依为命，狼父亲全然不是前些天的样子。

几天后，研究人员又将那只母狼也放了出去。不多久，3只狼就像其他的动物一样快活自在地生活在森林里了。研究人员发现，这一家3口生活得还不错。

后来，研究人员做出了这样的解释："公狼和幼狼在一起时，就会有一种照顾幼狼的本能，这是一种责任心的体现，正是这种责任感激励着公狼去捕食，它俩生活也因此变得好一些了。母狼被放出去后，公狼和母狼有互相照顾并共同照顾幼狼的责任，两只狼共同努力，它们的生活自然也变得更好了。"

通过这个研究，人们得出了这样的结论：对许多动物来说，责任是它们生存的基础，一旦有了责任感，生命将迸发出巨大的力量。而这条结论同样适用于人类。

【心灵悟语】

责任是上天赋予的，我们从有认知开始就有很多责任。我们不仅要对自己负责任，还要对别人负责。

人生的意义就在于承担一定的责任，清醒地意识到自己的责任，并勇敢地扛起它，无论对于自己还是对于社会都将是问心无愧的。穆尼尔·纳素曾说过："责任心就是关心别人，关心整个社会。有了责任心，生活就有了真正的意义。这就是考验，是对文明的至诚。它表现在对整体，对个人的关怀。这就是爱，就是主动。"我们可以不伟大，我们也可以清贫，但我们不可以没有责任感。任何时候，我们都不能放弃肩上的责任，扛着它，就是扛着自己生命的信念。所以，青少年也应该挺起胸膛，扛起一份责任。

勇于承担

要使一个人显示他的本质，叫他承担一种责任是最有效的办法。

——毛姆

16岁那年，卡内基开始为美国西部铁路管理局长汤姆·斯考特先生工作。

有一天，铁路管理局收到一封加急电报："货车在阿尔图纳附近的单轨路线上被堵，客车从早上开始已堵了4个小时。"

如何让孩子更出色

—— 孩子要养成的 7 种优点

在当时，铁路管理局有一个铁的纪律：不管遇到什么情况，只有管理局长才有权下达对列车的调度命令，如果有人胆敢违抗禁令，就立即开除。这类电报必须请求管理局长斯考特处理，但是，斯考特出差了，谁也不知道他什么时候才能回来。

卡内基拿到这封电报之后，怎么也无法与斯考特联系上，他知道多耽搁时间，就会给铁路公司多造成损失。

责任心和使命感使他有了足够的勇气，他斗胆走进了斯考特的办公室，查看了货车的配位图，立刻发现了堵塞的原因。于是，卡内基提笔拟好了电文，并冒名签上斯考特的名字，然后拍发了出去，从而使事故得到了及时解决。

几个小时以后，斯考特回来发现塞车的电报，立即拟了一封电报让卡内基发出去。

卡内基看了看电报的内容后窘迫地说："我先前已经拍发了一封同样的电文了……"

斯考特严厉地追问是谁签的字，卡内基只好承认是自己冒签的。斯考特看了卡内基一眼，没有说什么。

后来，斯考特晋升为宾夕法尼亚铁路局的副董事长，卡内基想跟随他去。斯考特意味深长地对卡内基说："你的才能远不止于此，我已向董事长推荐你任匹兹堡管理局长，这次扩大了匹兹堡管理局的职能范围，现在的宾夕法尼亚地区也在你的管辖之内。"

成为匹兹堡管理局长后，卡内基能够清楚地了解全国的经济和发展的方向，这为他以后成为钢铁业巨头奠定了坚实的基础。

卡内基就这样一步步走向了成功。他总结的成功之道就是做事要有责任心。

【心灵悟语】

责任心是成功者必须具备的一种素质，我们取得的成就的大小与承担责任的多少是成正比的，责任心越强的人，就越能得到他人的尊重和支持。

责任是一种能力，又远胜于能力。未来的社会，并不缺乏能力出众的人，缺乏的是那种既有能力又有责任感的人才。不管你此时此刻受到多少宠爱与关心，你终将独自步入社会，参与竞争，你会遭遇到远比现在要复杂得多的生存环境，随时都可能出现你无法预料的难题。你必须在日常生活中培养自己的责任感，切实对自己负起责任，只有这样才能自如应对各种可以预见或者不可预见的突发状况。记住，责任感是我们走向社会的关键，是我们在社会上立足的根本。

不要给自己找借口

每个人都会被生命询问，而我们只有用自己的生命才能回答此问题，只有以"负责"来答复生命，生命才会精彩。因此，"能够负责"是人类最重要的本质。

——维克多·弗兰克

上海某家汽车公司员工小林，刚进入公司的时候也是雄心勃勃、干劲十足。但是，过了一段时间后，他就厌烦了朝九晚五的生活。由于工作十分辛苦，还经常没有什么收获，这更使得小林一天比一天松懈。久而久之，小林就开始养成了一个习惯：凡事一旦没做好就为自己找借口。

有一天，经理让他去一所学校商谈一项业务。本来是要他去这个学校的3个部门，分别联系3名顾客。没想到他去了大半天，才见到一个顾客便回来了。他在经理面前百般狡辩说："你不知道，那个学校好大啊。我问了好几个传达室的人，才打听到一个地方。"经理说："怎么可能，你不会一次打听清楚吗？更何况你既然找到了一个地方，就可以向他们打听另外两个地方啊！实在没有办法还可以查一下他们的电话，直接打电话问他们啊！"不识趣的小林接着又解释："我真的尽力了啊，何况那个学校实在太大了，不信你去看看。"听完了他的狡辩，经理没再说话，第二天小林就被开除了。

其实小林也知道，与这个学校谈业务是经理努力了半年的结果，对方就给了一个下午的时间。这次没谈成，很可能会就此失去这个客户。但是，由于小林习惯了凡事为自己找借口，最终给公司造成了巨大的损失。

【心灵悟语】

找任何借口都是在推卸责任，在责任和借口之间，选择责任还是选择借口，体现了一个人的做事态度。在生活中，许多人习惯于去寻找各种各样的借口，来为自己没有按时完成任务开脱。实际上，寻找借口是不负责任的典型做法，就是将应该承担的责任转嫁给社会或他人。而一旦我们有了寻找借口的习惯，我们的责任心也将随着借口烟消云散。因此，我们千万不要习惯于为自己的过失找种种借口，不要以为转移责任就可以逃脱惩罚，其实不然。

为自己的过失负责

尽管责任有时使人厌烦，但不履行责任的人，只能是懦夫，是不折不扣的废物。

——刘易斯

一家外贸公司招聘职员，经过几番考试后，最后留下3个人。面试地点在总经理办公室。总经理并没有问他们关于业务方面的问题，只是带领他们参观他的办公室。最后，总经理指着一张茶几上的花盆对他们说，这是他最好的朋友送的，代表着他们的友谊。就在这时，秘书走进来告诉总经理，说外面有点事情请他去一下。总经理笑着对3人说："麻烦你们帮我把这张茶几挪到那边的角落去，我出去一下马上回来。"说完，就随着秘书走了出去。

既然总经理有吩咐，这也是表现自己的一个机会。3人便连忙行动起来。茶几很沉，须3人合力才能移得动。当3人把茶几小心翼翼地抬到总经理指定的位置放下时，刚一放下，那个茶几不知怎么折断了一条腿，茶几一倾斜，上面放着的花盆便滑落了下来，摔在地上裂成了几块。3人看着这突如其来的事情都惊呆了。就在他们目瞪口呆的时候，总经理回来了。看到发生的一切，总经理显得非常愤怒，咆哮着对他们吼道："你们知道你们干了什么事，这花盆你们赔得起吗？"

第一个应聘者似乎不为总经理的强硬态度所压倒，说："这不关我们的事，我们不是你们公司的员工，是你自己叫我们搬茶几的。"他用不屑一顾的眼神看着总经理。第二个应聘者却讨好地说："我看这事应该怪那茶几的生产商，生产出质量这么差的茶几，这花盆坏了应该叫他赔！"

总经理把目光移到了第三个应聘者的身上。第三个应聘者并没有像前两位那样为自己找借口，而是对总经理说："这的确是我们搬茶几时不小心弄坏的。如果我们移动茶几时小心一点，那花盆应该是没事的。"还没等他把话说完，总经理的脸已由阴转晴，脸上露出一丝笑容，握住他的手说："一个能为自己过失负责的人，肯定是一个值得信任的人，你一定能得到大家的尊敬，我们需要你这样的员工。"

【心灵悟语】

敢于对自己的行为和结果承担责任，意味着你有责任感。一位哲人曾说："犯错是人的惯常行为之一，错误本身并没有可怕之处，最让人担忧的是，当错误已成事实的时候，我们却选择了逃避，而没能从中学到生活的经验。"的确，出错并不可怕，但是要为自己的过错承担责任，勇于承认自己的错误可以提高一个人的信誉，并且有助于自我完善。

中国有句古话："好汉做事好汉当。"做了损害别人利益的事，向人家道歉，赔偿损失，这不仅是为了取得别人的原谅，更重要的是我们懂得为自己的言行负责。犯了错误要勇于认错，承担犯错带来的一切后果，而不是推卸责任、责怪别人。责任的重担不会压垮任何一个敢于担当的人。它反而会成为我们有力的臂膀，去支撑起明天的太阳，照耀着我们追梦的旅程，使我们更加自信、更加勇敢。

培养优点小贴士：如何成为有责任心的人

1.改变"不该我做"的思想

在遇到需要解决的麻烦事时，先别去计较哪些是自己该做的，哪些是自己不该做的，而要关注怎样才能把问题解决掉，责任感有时候就意味着比别人多做一点点。

2.拒绝依赖别人

有些人习惯在生活中依赖别人，本来应该自己做好的事却处处抱怨他人。比如学习成绩差就怪老师讲得不好，和同学关系不融洽就怪同学不热情……事实上，这种抱怨对我们百害而无一利，我们应该查找自己的问题，这样才能逐步培养我们的责任感。

3.不推脱责任

为自己开脱是我们本能的防卫机制。但是当我们在如此努力地为自己开脱的同时，是否也想到了自己的责任，勇敢承担责任的人才会赢得别人的尊敬和信任。

4.及时纠正不负责任的行为

一旦发生了不负责任的事情，要及时纠正，决不能文过饰非，自己原谅自己，再一次不负责任。

时常反省，让你更易成功

学会反省自己

反省是一面镜子，它能将我们的错误清清楚楚地照出来，使我们有改正的机会。

——海涅

著名作家李奥·巴斯卡力，写了大量关于爱与人际关系方面的书籍，影响了许多人的生活。据说，他之所以有这样卓越的成就完全得益于小时候父亲对他的教育，因为每当吃完饭时，他父亲就会问他："李奥，你今天学了些什么？"这时李奥就会把在学校学到的东西告诉父亲。如果实在没什么好说的，他就会跑进书房，拿出百科全书学一点东西告诉父亲后才吃饭。多年来，他一直坚持这样做，每天晚上他都会拿父亲问他的那句话来问自己，若当天没学到什么新知识，他是不会上床睡觉的。这个习惯时时激励他不断地吸取新的知识，产生心得体会，不断进步。

无独有偶。美国政治家富兰克林也有每天自我评价、自我反省的习惯。他的笔记本里的每一页都有一张自我评价的表格，主要是品德、能力、努力程度、人际关系的状况、学习、工作等十几个方面，每个项目后面有10个圆圈。他每天都要对照表格就自己当天的表现情况进行评价，当觉得某个项目不满时，就在其后面涂上红点，并提示自己明天要加以改进。直到有一天，他的本子上一个红点也没有。

如何让孩子更出色
——孩子要养成的 7 种优点

【心灵悟语】

  自省是一个人得以认识自己、分析自己，并有效提高自己的最佳途径。自省，是对自己的行为思想做深刻检查和思考、修正人生道路的一种方法。懂得自省，人才能趋于完善，才能慢慢地走向成熟。通过自省，人才会越来越成功，生活才会越来越幸福。

  一般来说，能够时时反省自己的人，是非常了解自己的人。他们会时时考虑：我到底有多少力量？我能干些什么事？我的缺点在哪里？我有没有做错什么……这样一来，他们能够轻而易举地找出自己的优点和缺点，为以后的行动打下基础。所以，每个人都要经常反省自己，这样才能真正了解自己。

卢梭的自我批评

人不能没有批评和自我批评，那样一个人就不能进步。

——毛泽东

  18世纪法国伟大的思想家、文学家卢梭，在少年时曾经将自己的极不光彩的盗窃行为转嫁在一个女仆的身上，致使这位无辜的女仆蒙冤受屈，并被主人解雇。后来这件不光彩的事使他深深地陷入痛苦的自责中。他说："在我苦恼得睡不着的时候，便仿佛看到这个可怜的姑娘前来谴责我的罪行，仿佛这个罪行是昨天才犯的。"

  后来，卢梭在他的名著《忏悔录》中，对自己做了严肃而深刻的批判。他敢于把这件难以启齿而抱恨终生的丑事告诉世人，也显示了他勇于忏悔的坦荡胸怀和不同凡响的伟大人格。

【心灵悟语】

  任何人都难免会犯一些错误，而面对错误，大多数人都不会觉得错误在自己身上，总是千方百计地找借口为自己开脱。其实，真正聪明的人，会做最严格的自我批评者。一个勇于承认错误的人一定会获得他人的信任，也能赢得他人的尊重。如果一个人真正从所犯的错误中吸取了教训，那么他的生活就一定会发生改变，他获得的不仅仅是经验，更多的是智慧。

批评自己是完善自己的前提。所以，我们应该有自我批评的意识，要认识到，人只有在不断改正错误与不断提高的过程中才能很好地进步，将来，我们进入社会，也才可能以一种正确的态度去面对生活中的每一件事！

虚心接受他人的批评

批评者是我们的益友，因为他点出了我们的缺点。

——富兰克林

有一次，爱德华·史丹顿说："林肯是一个笨蛋。"史丹顿之所以生气是因为林肯干涉了史丹顿的业务。有一次，为了取悦一个很自私的政客，林肯签发了一项命令，调动了某些军队。史丹顿不仅拒绝执行林肯的命令，而且大骂林肯签发这种命令是愚蠢的行为。结果怎么样呢？当林肯听到史丹顿说的话之后，他很平静地回答说："如果史丹顿说我是个笨蛋，那我一定就是个笨蛋，因为他从来没有出过错。我得亲自过去看一看。"

林肯果然去见史丹顿了，他知道自己签发了错误的命令，于是收回了成命。只要是诚意的批评，是以知识为依据并有建设性的批评，林肯就会接受。

【心灵悟语】

金无足赤，人无完人。是人就难免犯错，犯错了就需要别人的帮助，需要别人的批评。要想让自己变得更加完美和优秀，接受批评是最好的方法，因为别人的批评会告诉你，你现在是一种什么状态，并促使你去改变。所以，受到严厉批评，你不应该抱怨，觉得委屈，更不应该破罐子破摔，我们应该感激愿意批评我们的人，因为是他们使我们看到了自己的不足。批评源于关心，我们都应该虚心接受他人的批评，有则改之，无则加勉。只有虚心接受批评的人，才能改正缺点，提升自己。因此，我们必须养成虚心接受批评的习惯。

告状的鸭子

每个人都会犯错，但是，只有愚人才会执拗不改。

——西塞罗

一天，一只鸭子跑到国王面前控诉："国王陛下，法令要求森林里的动物要相互友爱、和平相处，但现在却有人违背了这原则。"

"谁这么大胆，竟敢打破和谐的秩序？"国王急切地问道。

鸭子抹了抹眼泪，委屈地说道："今天上午，我潜到水底之前，把我的孩子托付给老马照顾，它非但不好好照管，还踩伤了我的孩子，现在，我要来讨回公道！"

于是，国王在森林里召开了公开的审判大会，它把老马叫来，问道："你受人之托，应当忠人之事，你为什么不好好照看鸭子的孩子。"

老马委屈地回答："是的，我本应好好照看，但是，我的确不是故意的，我听见啄木鸟用长嘴敲出鼓一样的声音，我以为战争降临了，我惊慌失措地急于逃避战争，不慎踩到了鸭子的孩子，我发誓，我绝对不是有意的。"

国王叫来了啄木鸟问："是你敲出鼓声宣告战争要降临吗？"

啄木鸟回答道："是我，国王，但我这么做是因为我看到蝎子在磨它的匕首。"

国王叫来蝎子问："你为什么磨你的匕首？"

蝎子回答说："因为我看见乌龟在擦它的盔甲。"

国王叫来乌龟问："你为什么擦你的盔甲？"

乌龟辩解说："因为我看见螃蟹在磨它的刀。"

国王叫来螃蟹问："你为什么磨刀？"

螃蟹回答说："我看见虾在练标枪。"

国王叫来虾问："你为什么练标枪？"

虾辩解说："因为我看见鸭子在水底吃掉了我的孩子！"

听完了上面的回答，国王看着鸭子说："现在，你明白你孩子不幸的根源了吧！主要责任不在老马身上，而在你自己的身上，这就是种瓜得瓜，种豆得豆。"

【心灵悟语】

发现别人的错误容易，认识自己的错误难，其实，生活中很多人也经常犯下类似鸭子的错误，看不到自己的过错，总是把责任推给别人，不懂得反省自己的行为。这样的人是很难有进步的，也很难有朋友。培养自省的习惯，首先必须抛弃那种"只知责人，不知责己"的劣根性，建议你以后在想找别人的毛病时，不必急于开口，先反省一下自己是否有不足之处。毕竟，改变自己比改变别人更容易一些。

培养优点小贴士：养成反思习惯的方法和技巧

1.敢于面对自己的错误

胆怯之人，无视自身的缺点，最终会滑向罪恶的深渊。所以，反省的前提是要敢于面对自己，敢于面对自己的错误，敢于承认错误。

　　2.对别人的经验教训进行思考和总结

　　我们从自己身上认识到的经验教训固然可贵，但其广度和深度毕竟是有限的。要想获得更加广博、深刻的经验，还需要从更宽更广的领域中寻找，别人的经验教训也可以移为己用。有人说，成本最低的经验是把别人的教训当作自己的教训。这样做同样能使你避免错误。

　　3.每天问自己几个问题

　　自我反省是成长的一个秘诀。我们不妨在每天结束时，好好问问自己下面的问题：今天我到底学到些什么？我有什么样的改进？我是否对所做的一切感到满意？如果你每天都能完善自己的不足并且过得很快乐，你就能获得意想不到的精彩人生。真诚地面对这些问题就是反省，其目的就是让我们不断地突破自我，省察自己，开创成功的人生。

　　4.从自省中总结经验

　　每一次自省都是对自己的一次剖析，你要认真对待每一次分析，最好能有所记录，避免以后重蹈覆辙。这样，每一次的错误就变成了经验，从某种角度来说，这些经验比你得到的结果还要宝贵。

不要拖延，立即行动

璀璨之梦

行动，只有行动，才能决定价值。

——约翰·菲希特

安东尼·吉娜是美国纽约百老汇中最年轻、最负盛名的年轻演员之一，她曾在美国著名的脱口秀目《快乐说》中讲述了她的成功之路。

几年前，吉娜是大学艺术团里的歌剧演员。在一次校际演讲比赛中，她向人们讲述了自己的梦想：大学毕业后，先去欧洲旅游一年，然后在纽约百老汇中当一名优秀的主角。

当天下午，吉娜的心理学老师找到她，尖锐地问了一句："你今天去百老汇跟毕业后去有什么差别？"吉娜仔细一想："是呀，大学生活并不能帮我争取到百老汇的工作机会。"于是，吉娜决定一年以后就去百老汇闯荡。

这时，老师又冷不防地问她："你现在去跟一年以后去有什么不同？"

吉娜苦思冥想了一会儿，对老师说，她决定下学期就出发。老师紧追不舍地问："你下学期去跟今天去，有什么不一样？"吉娜有些晕了，想想那个金碧辉煌的舞台和那双在睡梦中萦绕不绝的红舞鞋……她终于决定下个月就前往百老汇。

老师乘胜追击地问："一个月以后去，跟今天去有什么不同？"吉娜激动不已，她情不自禁地说："好，给我一个星期的时间准备一下，我就出发。"老师步步紧逼："所有的生活用品在百老汇都能买到，你一个星期以后去和今天去有什么差别？"

吉娜终于坚定地说："好，我明天就去。"老师赞许地点点头，说："我已经帮你订好了明天的机票。"

第二天，吉娜就飞赴到全世界最顶尖的艺术殿堂——美国百老汇。当时，百老汇的制片人正在酝酿一部经典剧目，几百名各国艺术家前去应征主角。按当时的应聘步骤，是先挑出10个候选人，然后，让他们每人按剧本的要求演绎一段主角的念白。这意味着要经过百里挑一的两轮艰苦角逐才能胜出。

吉娜到了纽约后，并没有急于去漂染头发、买靓衫，而是费尽周折从一个化妆师手里要到了应征的剧本。在以后的两天中，吉娜闭门苦读，悄悄演练。正式面试那天，吉娜是第48个出场的，当制片人要她说说自己的表演经历时，吉娜粲然一笑，说："我可以给您表演一段原来在学校排演的剧目吗？就一分钟。"制片人同意了，他不愿让这个热爱艺术的青年失望。

如何让孩子更出色
——孩子要养成的7种优点

而当制片人听到传进自己鼓膜里的声音，竟然是将要排演的剧目对白，而且，面前的这个姑娘感情如此真挚，表演如此惟妙惟肖时，他惊呆了！他马上通知工作人员结束面试，主角非吉娜莫属。

就这样，吉娜来到纽约的第一天就顺利地进入了百老汇，穿上了她人生第一双红舞鞋。

【心灵悟语】

心动不如行动。再美好的梦想与愿望，如果不能尽快在行动中落实，最终只能是纸上谈兵，空想一番。有人说，心想事成。这句话本身没有错，但是很多人只把想法停留在空想的世界中，而不落实到具体的行动中，因此常常是竹篮子打水一场空。所以，有了梦想，就应该迅速有力地实施。坐在原地等待机遇，无异于盼天上掉馅饼。

最佳方案

在生活中，没有任何东西比人的行动更重要、更珍奇了。

——高尔基

一家广告公司招聘设计主管，薪水丰厚，求职者甚多。几经考核，10位优秀者脱颖而出，汇聚到了老总办公室，进行最后一轮的角逐。这时，老总指着办公室里两个并排放置的高大铁柜，为应聘者出了考题：请回去设计一个最佳方案，不搬动外边的铁柜，不借助外援，一个普通的员工如何把里面那个铁柜搬出办公室。

这些应聘者望着据说每个起码能有500多斤的铁柜，先是面面相觑，思考着为什么出此怪题，再看老总那一脸的认真，他们开始仔细打量那个纹丝不动的铁柜。毫无疑问，这是一道非常棘手的难题。

3天后，9位应聘者交上了自己绞尽脑汁设计的方案：杠杆，滑轮，分割……但老总对这些似乎很可行的设计方案根本不在意，只随手翻翻，便放到了一边。这时，最后一位应聘者两手空空地进来了，她是一个看起来很弱小的女孩。只见她径直走到里面那个铁柜跟前，轻轻一拽柜门上的拉手，那个铁柜就被拉了出来——原来那个柜子是超轻化工材料做的，只是外面喷涂了一层与其他铁柜一模一样的铁漆，其重量不过几十斤，她很轻松地就将其搬出了办公室。

这时，老总微笑着对众人说："大家看到了，这位未来的员工设计的方案才是最佳的——她懂得再好的设计，最后都要落实到行动上。"

【心灵悟语】

没有行动，一切设计都毫无意义和价值。说一尺不如行一寸。任何目标、任何计划最终必须落实到行动上，才能缩短自己与目标之间的距离，逐步把计划变为现实。

成功者的路有千条万条，但是行动却是每一个成功者的必经之路，也是一条捷径。100次心动，远比不上一次行动。心动只能让你终日沉浸在幻想之中，而行动才能让你最终走向成功。

不要拖延

养成立即行动的好习惯，才会站在时代潮流的前列。若一直拖延，便会被时代超越，结果就会被甩到时代后面去。

——阿莫斯·劳伦斯

18岁那年，他有一个美好的梦想，希望能考上一所重点大学。本来他的这个梦想并不遥远，除了英语成绩差些外，他其他学科成绩都相当不错，只要他肯稍加努力，将英语成绩提上去，完全可能实现自己的愿望。然而遗憾的是，他太惧怕那些枯燥的ABC，只坚持了几天就退缩了。结果，他的这个梦想真的只是一个梦，尚未行动就夭折了。

23岁那年，他有一个美好的梦想，希望能娶到一位漂亮的姑娘。本来

如何让孩子更出色
——孩子要养成的 7 种优点

他的这个梦想并不遥远，因为他善良淳朴、乐于助人、勤奋踏实，很多女孩子都喜欢他。然而遗憾的是，他十分自卑，认为没有房子、没有车子、没有存款，人家是不会喜欢自己的。于是，当那个心仪的女孩真正走进他的生活时，他选择了退缩，连与别人交往的勇气都没有。结果，他的这个梦想真的只是一个梦，尚未行动就夭折了。

25岁那年，他有一个美好的梦想，希望成为一个有钱人。本来他的这个梦想并不遥远，因为他精明能干，很有做生意的天赋，并且也看准了一个赚钱的项目。只要他大胆地按计划实施，再假以时日，他极有可能成为一个让人羡慕的富翁。然而遗憾的是，他害怕风险，舍不得放弃安逸稳定的生活。权衡再三之后，最终他选择了放弃。结果，他的这个梦想真的只是一个梦，尚未行动就夭折了。

70岁那年，他有一个梦想，希望能在人间留下一些痕迹，这次他没有犹豫，因为他知道自己剩下的时光不多了，于是他排除一切干扰，静心写作，数年如一日。3年后，他成了一位知名的作家。此刻，他才真正意识到行动是多么重要。

【心灵悟语】

万事始于心动，成于行动。行动者与空想家之间的区别就在于是否进行了持续而有目的的实际行动。实际行动是实现一切愿望的必要前提。我们往往说得太多，思考得太多，梦想得太多，希望得太多，我们甚至计划着某种非凡的事业，最终却以没有任何实际行动而告终。

渴望成功，或想在学业、事业上有所建树的人务必要记住：有梦想就立即行动起来，不要拖延，因为拖延等于死亡。

快人一步

最大的危险是无所行动。

——肯尼迪

2002年9月底，正在德国考察的某市技术改造办公室的工作人员，从一位德国朋友那里得知，"能达普"摩托车厂倒闭急于出卖。这正是我方欲寻求购买的厂家。我方立即向该厂表示：我们准备买下这个厂，但需回国研究后才能确定，一周之内，必有答复。但同时，印度、伊朗等国家的商人也在考察准备买下它，所以我方必须尽快行动。

回国后，某市政府领导决定购买"能达普"厂的全部设备和技术，并立即通知德方。事不宜迟，该市随即组成专家小组准备赴德进行全面技术考察，商谈购买事宜。就在这时，联系人从德国发来急电：伊朗人抢先一步，已签署了购买"能达普"的合同，合同上规定付款期限为10月24日，如果24日下午3时，伊朗汇款不到，合同便失效。

事情发展到这种地步，我方只能见机行事。所以某市领导分析了整个情况后认为，国际贸易竞争中也存在偶然因素，虽然伊朗商人在签订合同方面抢先，但能否准时付款谁也不能确定。如果伊朗方面逾期付款，我方还有争取主动的机会。

10月22日上午8时，我方做出决定，立即派团出国，从伊朗人手中抢回这条生产线。代表团用了11个小时办完了烦琐的出国手续，10月23日飞到了慕尼黑。他们立即与德方联系。10月24日下午3时，当打听到伊朗方面款项还没有动静时，中国代表成员立即奔赴"能达普"摩托车厂。

中国人的突然出现，令德方人员很吃惊。慕尼黑市债权委员会主管倒闭企业事务的米勒先生面带笑容地接待了中国代表团。他说："伊朗商人因来不及筹款已提出合同延期的要求。如果你们要购买，请现在就谈判签订合同。"如果逾期，此厂将被迫拍卖，也就是把全部固定资产拆散零卖，这不仅会使厂方蒙受巨大的经济损失，而且会使这个有67年历史的工厂化为乌有。我方意识到对方急于出卖的迫切心理，但又不能干闭着眼睛买外国设备的蠢事。经过几个回合的交涉，终于达成了中国专家先进行全面技术考察后再谈判的协议。

25日早晨，中国专家来到"能达普"厂，对全厂的设备、机械性能、工艺流程进行全面考察，最终结论是：该厂设备先进，没有任何损坏的现象。25日下午2时整，合同谈判在中国专家驻地进行。经过紧张的讨价还价，在次日凌晨签订了合同。我方以1600万马克买下了"能达普"的2229台设备和全套技术软件。后来了解到，这个价格比伊朗所要支付的价格低200万马克，比一些竞争对手准备支付的价格低500万马克。

【心灵悟语】

　　无论做什么事，如果你行动不够迅速，别人就会抢先一步。想把事情做好，就必须行动迅速，先下手为强，把办事的主动权先握在自己手里。

　　任何时候都要有时间观念，决定做一件事以后，行动要迅速，绝不能把今天的事留到明天去做。时间就是金钱，拖沓的作风是成功的天敌，行动不敏捷很难适应现代社会的竞争。

培养优点小贴士：如何培养立即行动的习惯

　　1.遇到问题要马上着手解决

　　告诉自己：不要花费时间去发愁，因为发愁不能解决问题，只会不断地增加忧虑。遇到问题时最好能集中力量行动，在干劲最足的时候寻找解决问题的办法。

　　2.不要等到条件成熟才行动

　　如果等待时机成熟才行动，你可能永远都等不到。事情总有你意想不到的一面。在真实世界里，你永远等不到完美的时机。你必须立即行动，问题一出现就去解决它。

　　3. 克服拖延

　　人们习惯于做事总往后拖延一步，总愿意在行动之前先让自己享受一下最后的安逸。只是在休息之后又想继续享受，这样直到期限已满行动也还未开始。事实就是，拖延直接导致行动的失败。所以，我们要克服拖延，不给自己找借口。

4.给自己一个期限

培养自己的时间意识，任何事情都必须在规定好的时间内完成，否则，在大多数情况下，你就会有多少时间就花多少时间，即使给你再多的时间也不够用。每件事情都一定要设一个期限，如果坚持这么做，你就会努力赶上期限，而不是永无休止地拖延下去。

5.暗示自己

让自己习惯说"我必须马上做"，而不是"我改天再做"。

6.当机立断

你的判断决定你的行动。无论做什么事，都要当机立断，立即行动。犹豫不决，只会让你错失良机。

培养自控力，不做情绪的奴隶

学会忍让

君子忍人之所不能忍，容人之所不能容，处人之所不能处。

——马南邨

明朝，苏州城里有一位尤老翁，开了一间典当铺。有一年，年关前夕，尤老翁在里间屋盘账，忽然听见外面柜台有争吵声，赶忙走出来。原来，住在附近的穷邻居赵老头儿，正在与伙计争吵。尤老翁一向谨守"和气生财"

如何让孩子更出色
——孩子要养成的 7 种优点

的信条，先将伙计训斥一通，再好言向赵老头儿赔不是。

可是，赵老头儿板着面孔，不见一丝和缓之色，他靠在一边柜台上，一句话也不说。

挨了骂的伙计，悄声对老板诉苦："老爷，这个赵老头儿蛮不讲理，前些日子，他当了衣服，现在，他说过年要穿，一定要取回去，可是，又不还当衣服的钱，我刚要解释，他就破口大骂，这件事情不能怪我呀。"

尤老翁点点头，打发伙计去照料别的生意，自己走过去，请赵老头儿到桌边坐下来，语气恳切地说："老人家，我知道您的来意，过年了，总想有一身体面的衣服。小事一桩，大家抬头不见低头见，什么事都好商量，何必与伙计一般见识呢？您老就消消气吧。"

不等赵老头儿开口辩解，尤老翁马上吩咐另一个伙计，查一下账，从赵老头儿典当的衣物中，找出四五件冬衣。尤老翁指着几件衣服说："这件棉袍是你冬天里不可或缺的衣服，这件罩袍，你拜年时用得着，这3件棉衣，孩子们也是要穿的。你先把这些东西拿回去，其余的衣物，不是急用的，可以先放在这里。"

赵老头儿似乎一点儿也不领情，拿起衣服，连个招呼都不打，急匆匆地走了。

尤老翁并不在意，仍然含笑拱手将赵老头儿送出大门。

当天夜里，赵老头儿竟然死在另一位开店的街坊家中。赵老头儿的亲属乘机控告那位街坊逼死了赵老头儿，打了好几年官司。最后，那位街坊被拖得筋疲力尽，花了一大笔银子，才将此事摆平。

不久，事情真相大白，原来，赵老头儿因为负债累累，家产典当后，走投无路，预先服了毒，来到尤老翁的当铺吵闹寻事，想以死来敲诈钱财。没想到，尤老翁一忍再忍，明明吃亏，也不计较。赵老头儿觉得坑这样的人，即使到了阴曹地府，也没好果子吃，只好赶快撤走，在毒性发作之前，选择了另外一家当铺。

事后，有人问尤老翁，凭什么料到赵老头儿会以死进行讹诈这一手，从而忍耐让步，避过一场灾祸？

尤老翁说：“我并没有想到赵老头儿会走到绝路上去。我只是根据常理推测，若是有人无理取闹，他必然有所凭仗。在我当伙计的时候，我爹就常说：‘天大的事，忍一忍也就过去了。’如果我们在小事情上不忍让，那么，很可能就会酿成大的灾祸。”

【心灵悟语】

忍让是一种力量，在冲突与不愉快发生时，忍让是“以柔克刚”，进而达到“忍一时风平浪静，退一步海阔天空”的心境。

生活中我们常常遇到一些无奈：亲人、朋友、同学的误解，甚至是其他人的欺凌，面对这些矛盾，最好的办法就是忍。遇事多为别人着想，善于体谅他人的难处，理解对方那些一时冲动的言行，这样自然就能平和地看待问题，也不会觉得自己受了多大的委屈，有了这种大度的胸襟与气度，自然就能忍受了。

宋代苏洵说：“一忍可以制百辱，一静可以制百动。”这就是忍让的巨大作用。如果我们对待非原则性的问题，能忍则忍，能让则让，我们的心态就会更平和，生活更美好。

别为小事烦恼

我们常常为一些不令人注意、因而也是应当迅速忘掉的微不足道的小事所干扰而失去理智。我们生活在这个世界上只有几十个年头，然而我们却为纠缠无聊琐事而白白浪费了许多宝贵的时光。试问时过境迁，有谁还会对这些琐事感兴趣呢？不，我们不能这样生活。我们应当把我们的生命贡献给有价值的事业和崇高的感情。

——莫鲁瓦

1945年3月，罗勒·摩尔和其他87位军人在一艘潜艇上执勤。当时雷达发

如何让孩子更出色
——孩子要养成的 7 种优点

现有一个日本布雷舰队正朝他们开来，于是他们就向其中的一艘布雷舰发射了3枚鱼雷，但都没有击中，而且，舰队也没有发现他们。

但当他们准备攻击另一艘布雷舰的时候，那艘布雷舰突然掉头向潜艇开来（是一架日本飞机看见了这艘潜艇，用无线电告诉这艘布雷舰的）。他们立刻潜到150英尺（1英尺≈0.3米）的地方，以免被日方探测到，同时也准备应付深水炸弹。他们在所有的船盖上多加了几层栓子。

3分钟之后，突然天崩地裂：6枚深水炸弹在他们的四周爆炸，他们都吓坏了。按常识，如果潜水艇在水深不到500英尺的地方，深水炸弹在离它17英尺之内爆炸的话，那潜水艇在劫难逃。那艘布雷艇不停地往下扔深水炸弹，攻击了15个小时，其中有十几个炸弹就在离潜艇50英尺左右的地方爆炸。他们都躺在床上。

罗勒·摩尔吓得不敢呼吸，他在想："这回完蛋了！"电扇和空调系统关闭之后，潜艇的温度升到40度，但摩尔却全身发冷，穿上毛衣和夹克之后依然发抖，牙齿打战，浑身冒冷汗。15小时之后，攻击停止了，显然炸弹用光之后布雷舰就离开了。

这15个小时，对摩尔来说，就像1500年那么长。他过去所有的生活都一一浮现在眼前，他想到了以前所干的坏事，所有他曾担心的一些很无聊的小事。

他曾经为工作时间长、薪水太少、没有多少机会升迁而发愁；他也曾经为没有办法买自己喜欢的房子，没有钱买辆新车子，没有钱给妻子买好衣服而忧虑；他非常讨厌自己的老板，因为这位老板常给他制造麻烦；他还记得每晚回家的时候，自己总感到非常疲倦和难过，常常跟自己的妻子为一点儿小事吵架；他也曾为自己额头上的一块小伤疤发愁过。

摩尔说："多年以来，那些令人发愁的事看起来都是大事，可是在深水炸弹威胁着我的时候，这些事情又是那么荒唐、渺小。"就在那时候，他向自己发誓，如果他还有机会见到太阳和星星的话，就永远不会再忧虑。这次事件让他学到的东西比他在学校里学到的东西要多得多。

【心灵悟语】

　　生活中，有很多人能够在大事面前稳住阵脚，却在面对一些小事时乱了手脚；可以承受得了巨大的打击，却为小事烦忧；可以在大事上潇洒地放手，却对一些鸡毛蒜皮的小事念念不忘、斤斤计较。我们的生命如此短促，为那些不值一提的小事生气，实在是不值得。正如狄士雷里所说："生命太短促，不能再只顾小事了。"

　　在纷乱复杂的生活中，不可能事事都尽善尽美，不可能件件都很顺心，不尽如人意的事时有发生。对日常生活中一些鸡毛蒜皮的小事，完全用不着大动肝火。面对那些不值得生气的小事，我们何不用微笑去面对呢？微笑是豁达、是宽容，微笑不仅能化干戈为玉帛，还能保持自己心态的平和宁静，让自己免遭怒气的伤害。

控制自己的情绪

稍忍须史是压制恼怒的最好办法。

——柏拉图

　　在拿破仑·希尔事业生涯的初期，他曾受到愤怒情绪的困扰。

　　有一天晚上，拿破仑·希尔在办公室准备一篇演讲稿，当他刚刚在书桌前坐好时，电灯熄灭了。这种情形已连续发生了几次。

　　拿破仑·希尔立刻跳起来，奔向大楼地下室，去找大楼的管理员。当他到达时，发现管理员正在忙着把煤炭一铲一铲地送进锅炉里，同时一面吹着口哨，仿佛什么事情都没有发生。

　　拿破仑·希尔对他破口大骂，直到他再也找不出更多的骂人的词句。这时候，管理员直起身体，转过头来，脸上露出开朗的微笑，并以一种充满镇静与自制的柔和声调说道："呀！你今天有点儿激动，不是吗？"管理员的话如同一把锐利的匕首刺进了拿破仑·希尔的身体。站在拿破仑面前的是一位文盲，但他却在这场"战斗"中打败了自己！更何况这场"战斗"的场合以及"武器"，都是拿破仑自己挑选的。拿破仑·希尔的良心受到了谴责。他知道，他不仅被打败了，而且更糟糕的是，他是主动的，又是错误的一方，这一切只会增加他的羞辱感。

拿破仑·希尔转过身子，以最快的速度回到办公室。当他回想了一遍这件事情之后，他立即发现了自己的错误。经过一番思虑后，他知道自己必须向那个人道歉。于是，他找到那位管理员并做了诚恳的道歉。最终，两个人的冲突解决了。

从这以后，拿破仑·希尔下定决心，以后绝不再失去自制。因为当一个人不能控制自己的情绪时，对方不管是谁，都能轻易地将自己打败。

【心灵悟语】

面对社会中的不公平人生道路上的不如意，可以采取的方式有很多，但是生气、愤怒可能是最不明智的一种方式。一个真正有理智的人，无论处理什么事情都不会感情用事，都不会让感情控制住自己，相反，他会用理性支配自己的行为。因此，我们要提高自己的自控力，用理性来控制感性，把握感情的流向。

别在愤怒时做决定

能控制好自己情绪的人，比能拿下一座城池的将军更伟大。

——拿破仑

早年，在美国阿拉斯加州的一个村庄，有一对相爱的年轻人结婚了。

婚后生育，年轻人的太太因难产而死，留下一个孩子。年轻人忙着挣钱生活，精力有限，急需找个人来帮忙照顾孩子，可是凭他微薄的薪水也雇不起用人，亲戚朋友又都不在身边，他就训练了一条狗，希望那条狗替他看一看小孩。那狗很聪明，也很听话，好像主人的意思它全明白一样，照顾起小孩来比一个用人都强，既能咬着奶瓶喂奶给孩子喝，又能在主人不在家时陪孩子玩。

有一天，年轻人有事要出门，留这条狗在家照顾孩子，临走前再三嘱咐它，一定把小宝宝看好。狗像听懂了他的话一样，汪汪叫了两声，表示遵命。年轻人很放心地走了。到了别的乡村，因遇大雪，年轻人当天不能回来。

第二天赶回家，狗立即闻声出来迎接主人。年轻人把房门打开一看，大吃一惊，所见之处，一片血淋淋的，地上是血，床上也是血，孩子不见了，只有狗耷拉着长舌头卧在身边，满口也是血，年轻人发现这种情形，脑子里第一个想法就是：狗的兽性发作，把孩子吃掉了。盛怒之下，年轻人拿起刀来向着狗头一劈，把狗杀死了。之后，他也无力地瘫坐在地上，欲哭无泪。就在此时，忽然听到孩子的声音。年轻人心头一热，还没反应过来怎么回事，只见他的小宝宝已经从床下爬了出来，身上也带着血。年轻人赶快抱起孩子，看看他有没有伤，从上到下看了个遍，小宝宝身上有血却没有受伤，他便放心了。

但他很奇怪，不知究竟是怎么回事。再看看狗，腿上的肉没有了，床旁边有一只死去的狼，口里还咬着狗的肉。年轻人一下子全明白了：狗冒着生命危险救了小主人，并在与狼的搏杀中，将狼咬死，谁知却被主人误杀了。

【心灵悟语】

人在生气的时候会失去理性，从而减弱对事物的判断力，在这个时候我们做出任何决定，都一定会后悔。就像故事里的男主人公，一时冲动，杀了忠诚的狗，事后追悔莫及。所以，愤怒的时候，尽量不要做任何决定。一旦我们在这时决心去做某些事情，后果必然使我们无法承受。

遇事一味生气，是一种消极、愚蠢的表现，最终受伤害的只有你自己。在生活中，每个人可能都因生气而做出过错误的决定。如果你不

　　曾被错误的决定所伤害，那要感到庆幸，但幸运不一定会永远垂青你。所以要想把握自己的一生，使之不偏离轨道，就请时时刻刻记住这句话——在生气的时候，不要做任何决定！

培养优点小贴士：如何调节和控制自己的情绪

　　1.乐观地看待事情

　　先不要想让你生气的事，想一想从这件事情中你得到了哪些收获。凡事多去想积极的一面，这样你很快就会平息心中的愤怒，长期坚持你就会发现生活中没有什么是真正值得生气的。

　　2.尽量回避

　　在生活中遇到令人发怒的刺激时，你可以暂时避开，眼不见心不烦，怒火自然先消去了一半。这虽然是一种消极的应对方法，但却是一种有效的制怒方法。

　　3. 保持头脑清醒

　　当愤愤不已的思绪在脑海中翻腾时，请注意提醒自己保持理智，这样你才能避免短视，恢复远见，明智地解决问题。

　　4.学会转换情绪

　　当你感觉到自己烦躁，压抑不住怒火的时候，要强迫自己去想一些其他的事情，比如晚上去哪里玩，周日可以去哪里玩等。生气的事情肯定是不愉快的事情，那就在快要生气时想些美好的事情，淡化愤怒的情绪。

　　5. 加强素质训练

　　爱发火常常与脾气急躁密切相连。为了克服急躁，你可以学习下棋、绘画、写字、做一些小手工艺品等。通过这些方法磨炼自己的耐性，久而久之自然会养成不急躁的好习惯，不会再轻易地大动肝火了。

第四章　心态优点：
让内心充满正能量

锲而不舍，前面还是你的天

坚持到最后

不要失去信心，只要坚持不懈，就会有成果。

——钱学森

法国陶瓷艺术家、质朴瓷器的发明者陶工贝莱德·柏里斯在研制陶瓷的过程中曾屡次陷入艰难的困境中，但他不甘轻易放弃自己的理想，最终获得了成功。

16世纪早期，柏里斯出生在法国南部。他的父亲是个玻璃制造工人，家境相当贫困。柏里斯没能上学，但他从小受父亲熏陶，学会了玻璃装饰这门手艺，还学会了在玻璃上制图、绘画。

柏里斯18岁出门谋生，找了一份玻璃行业的工作，业余时间兼职从事土地测量。后来他到了东查热特城的圣特镇，并在此结婚生子，定居下来。为了养家，他勤奋工作，但仍入不敷出。为了获得更多的收入，他想到了彩陶绘画技艺。他对制陶工艺一无所知，又不能舍下妻女去意大利拜师学艺，只能靠自学，从零开始，一点一滴地独自在黑暗中摸索，希望弄清陶瓷制作和上釉的全部流程。

他先从研究制作陶瓷所用的材料开始。他买来一些陶罐，捣碎弄成粉末，加上自己制作的化合物，放进烤炉里烧，结果实验失败了。

接下来就是一次又一次的实验，一次又一次的失败，大量的时间、人力、物力、财力，全都浪费在了这种徒劳的实验里。一连几年，柏里斯都在不停地实验，烧掉了大量的木材，浪费了许多的药剂、土罐，最后，家里穷得连下锅的米都没有了。

　　这时，他不得不去从事以前的行业，在玻璃上画画，测量土地，以维持生计。但他对制陶仍不死心。为了节省燃料，他把那些陶瓷碎片抱到附近一家砖窑里烧制，结果还是失败了。

　　面对一次次的失败，柏里斯没有放弃，他决定重新开始。他把新买的陶器捣碎，加入新配制的原料，拿到附近一个玻璃熔炉里去烧。玻璃炉的高温熔化了一些原料，但柏里斯寻求的白瓷仍没烧成，他又一次失败了。

　　后来的两年当中，尽管他家里穷得连盐都吃不上了，但他仍热情满满地从事陶制品的烧制工作。他决心做一次更大的实验。他在多块陶瓷碎片上撒上自己配制的原料，然后送进烧制玻璃的熔炉。经过4个多小时的烧制，300多块陶片当中，居然有一块上面的原料熔化了，冷却后像玉一样洁白发亮。见到这块洁白的陶瓷，柏里斯哭了。这次小小的成功，激励他继续做更大的实验。

　　为了取得更大的成功，柏里斯用了8个月的时间，专门建了一个烧制玻璃的熔炉。他制成了许多陶制模子，经过初步烧制后，涂上釉药化合物，放进炉子里。他把家里所有的钱都用来买木柴了。点燃熔炉后，他整天坐在熔炉旁边，往里加柴。第一天过去了，釉药没有熔化。第二天过去了，釉药还是没有熔化。第三天过去了，釉药还是老样子。柏里斯焦急万分，面色苍白，走路晃来晃去，随时都有可能倒下，但他咬牙坚持着。第四天过去了，第五天、第六天也过去了，连续6个日日夜夜过去后，釉药丝毫没变！柏里斯几乎要绝望了。

　　柏里斯绝望之余，突然想起他研制的釉药可能有问题。于是他重新配制了新的原料，重新实验。可是他已经倾家荡产，哪来的钱买陶罐和木柴？尽管他的妻子和邻居们都骂他疯了，为那些无益的实验枉费钱财，但最后每家还是为他凑了一点儿钱，加上柏里斯从一个朋友那里借来的钱，他又买来许多陶罐和木柴，投入了实验。熔炉点燃了，木柴熊熊燃烧，炉温急剧上升，但釉药毫无变化。所有的木柴都烧完了，釉药还没熔化。熔炉里的火即将熄灭，整个实验又将前功尽弃，这时柏里斯看到了花园的木栅。他奔向花园，把所有的木栅栏全部拔出，扔进炉子里，釉药还不熔化，他看见了家具和床板，还有木窗、木桶。可怜的柏里斯真是疯了，他把家里凡是能烧的东西全都砸断，扔进了炉子里。他的妻子和儿女哭着跑到大街上，眼看着家里的一切顷刻间化为灰烬。

柏里斯把一个完整的家亲手毁了，能烧的全都烧了，连房屋门板都被他卸了下来，所幸的是，最后一道火力终于烧熔了釉药。炉火熄灭，那些进炉前粗糙难看的普通陶罐从炉子里出来，冷却后，通体全都覆盖着一层均匀细密、洁白如玉的釉面。柏里斯成功了！巨大的喜悦让他手舞足蹈，一路喊叫着冲上了大街。柏里斯终于掌握了这渴盼已久的工艺。

【心灵悟语】

俗话说得好：功到自然成。每个人在成功之前难免会遭受一些挫折，然而只要你能坚持不懈地努力，那么，成功就触手可及。无论是学习上的困难，还是事业上的困难，你都要坚持到底战胜它们。

坚持的力量是无法想象的，它产生的效果也是你无法预料的。如果你现在还未取得成功，不用担心，只要你学会了坚持，胜利的曙光早晚会属于你。

财富需要耐心

我有两个忠实的助手，一个是我的耐心，另一个就是我的双手。

——蒙田

一位立志在40岁成为亿万富翁的先生，在35岁的时候，发现这样的愿望靠目前的薪水根本达不到，于是放弃工作开始创业，希望能一夜致富。过了5年，其间他开过旅行社、咖啡店，还有花店，可惜每次创业都失败，他也陷

如何让孩子更出色
——孩子要养成的 7 种优点

入了绝境。到40岁时，他心力交瘁的太太无力说服他重回职场，无计可施之下，跑去寻求智者的帮助。智者了解状况后对太太说："如果你先生愿意，就请他来一趟吧！"

这位先生虽然来了，但从眼神看得出来，这一趟只是为了敷衍他太太而已。智者不发一语，带他到庭院中。庭院约有一个篮球场大，庭中尽是茂密的百年老树，智者从屋檐下拿起一把扫帚，对这位先生说："如果你能把庭院的落叶扫干净，我就把如何赚到亿万财富的方法告诉你。"

虽然不信，但看到智者如此严肃，加上亿万财富的诱惑，这位先生心想扫干净庭院有什么难，就接过扫帚开始扫地。过了一个钟头，好不容易从庭院一端扫到另一端，眼见总算扫完了，拿起簸箕，转身回头准备收起刚刚扫成一堆堆的落叶时，他却看到刚扫过的地上又掉了满地的树叶。懊恼的他只好加快扫地的速度，希望能赶上树叶掉落的速度。但经过一天的尝试，地上的落叶跟刚来的时候一样多。这位先生怒气冲冲地扔掉扫把，跑去找智者，质问智者为何这样开他的玩笑。

智者指着地上的树叶说："欲望像地上扫不尽的落叶，层层消磨你的耐心。有耐心才能听到财富的声音：你心上有一亿的欲望，身上却只有一天的耐心，就像这秋天的落叶，一定要等到冬天时叶子全部掉光后才扫得干净，可是你却希望在一天内就扫完。"说完，智者就请夫妻俩回去。

临走时，智者对这位先生说，为了回报他今天所付出的辛劳，在他们回家的路上会经过一个粮仓，里面会有100包用麻布袋装的稻米，每包稻米都有100斤重。如果先生愿意把这些稻米帮他搬到家里，在稻米堆后面会有一扇门，里面有一个宝物箱，宝物箱里面有一些金子，数量不是很多。就当作是今天扫地与搬稻米的酬劳。

这对夫妻走了一段路后，看到了一间粮仓。里面整整齐齐地堆了约两层楼高的稻米，完全如同智者的描述。面对金子的诱惑，这位先生开始一包包地把这些稻米搬到仓外。数小时后，当快搬完时，他看到后面有一扇门，他兴奋地推开门，里面确实有一个藏宝箱，箱上无锁，他轻易地打开宝物箱。

他眼睛一亮，宝箱内有一个小麻布袋，他拿起麻布袋并解开绳子，伸进手去抓出一把东西，可是抓在手上的不是黄金，而是一把黑色的小种子。他想也许这是用来保护黄金的东西，所以将袋子内的东西全倒在地上。但令他失望的是，地上没有金块，只有一堆黑色的种子及一张纸条。他捡起纸条，上面写道："这里没有黄金。"

这位先生失望地把手中的麻布袋重重摔在墙上，愤怒地转身准备离开，却见智者站在门外双手捧着一把种子，轻声说："你刚才搬的那几百袋稻米，都是由这一小袋的种子历时一年长出来的。你的耐心还不如一粒稻米的种子，怎么能听到财富的声音？"

【心灵悟语】

耐心，是一种坚韧，一种积累，更是一种信心和勇气。只要我们能对生活投以热情，对生活中所遇到的困难和阻碍抱以耐心，脚踏实地，一步一个脚印，就能架起一座通往成功的桥梁，实现自己的雄心抱负。

凡成大事的人，都是勤奋之人，都懂得"十年磨一剑"的道理，都有足够的耐心和努力去等待成功。

坚韧不拔

所有坚韧不拔的努力迟早会取得回报。

——安格尔

岛村产业公司及丸芳物产公司董事长岛村芳雄，当年背井离乡来到东京一家包装材料店当员工时，年薪很低，他还要养活母亲和3个弟弟妹妹，因此时常囊空如洗。他回忆说："下班后，在无钱可花的情况下，我拥有的唯一乐趣，就是在街上走走，欣赏人家的服装和路人所提的东西。"

有一天，他在街上漫无目的地散步时，注意到女性们无论是花枝招展的小姐，还是徐娘半老的妇人，除了拿着自己的皮包之外，还提着一个纸袋，这是买东西时商店送给她们装东西用的。他自言自语："嗯！提这样纸袋的

如何让孩子更出色
——孩子要养成的 7 种优点

人最近越来越多了。"

岛村满脑子都是纸袋。两天后，他到一家跟商店有来往的纸袋工厂参观。果然，正如他所预料的，工厂忙得像发生火灾的现场一样。参观之后，他怦然心动，毅然决定大干一番。

"将来纸袋一定会风行全国，做纸袋的生意是错不了的。"

身无分文的岛村虽然雄心勃勃，但却无从下手。因为他身无分文，所需的资金从哪儿得来呢？他决定硬着头皮去各银行试一试。一到银行，他就把纸袋的使用前景、纸袋制作的技巧等大说一通，但每一家银行听了他的计划后，都冷冷地不愿理睬他，甚至有的银行以对待疯子的态度来对待他。

"我每天都去走动拜访，总有一天他们会改变主意的。"他如此想，并决定把三井银行作为目标，连续不断地前去拜访。

然而，他在三井银行也没有得到结果。起初态度冷淡连他的话都不愿意听的职员们，过了几天，对他蔑视的态度就逐渐表面化，终于耐不住厌烦地大发脾气，一看到他就怒目相视。有时他一来，大家就发出一阵哄笑来取笑他，有时干脆把他赶出去。

皇天不负有心人，前后经过3个月，到第69次时，对方竟被他那煞费苦心、百折不挠的精神所感动，答应贷给他100万日元。当朋友和熟人知道他获得银行贷款100万日元后，纷纷过来帮忙，有的出资10万日元，有的借给他20万日元，就这样他很快就筹集了200万日元的资金。

于是，岛村辞去了店员的工作，设立丸芳商会，开始做纸袋业务，他最终取得了令人瞩目的业绩。

【心灵悟语】

胜利只属于坚持到最后的人。那些成功的人之所以能够成功，是由于他们坚持不懈，更重要的是他们能够把失败化作无形的动力，从而反败为胜。

成功的秘诀不在于一蹴而就，而在于你是否能够持之以恒。任何伟大的事业，成于坚持不懈，毁于半途而废。世上的事，只要不断努力去做，我们就能获得成功。哪怕再苦、再难，只要我们不放弃，只要我们再坚持一下，我们就有希望，就有成功的可能。

别在距离金矿1米的地方停下来

一个人只要坚持不懈，他就能达到目的。

——司汤达

美国淘金热时，达哈比的叔叔也在西部买了一块矿地。辛苦了几周后，他发现了闪闪发光的金矿，但他需要用机器把金矿弄到地面上来。他很镇静地把矿坑掩埋起来，除掉自己的脚印，然后火速赶回玛里兰州威廉斯堡的老家，把找到金矿的消息告诉他的亲戚和几位邻居。大家凑了一笔钱，买来了所需的机器，托人代送。这位叔叔和达哈比也动身回到矿区工作。

第一车的金矿挖出来，送到了一家冶金工厂，结果证明他们已经挖到了科罗拉州最富的一个矿源。只要挖出几车金矿，就可以偿还所有的买地欠下的债务，然后就可以大赚特赚。

叔叔和达哈比高高兴兴地下坑工作，带着无限的希望出坑来。但在这时候，发生了一件他们料想不到的事，金矿的矿脉竟然不见了。他们已走到彩虹的末端，黄金没有了。他们继续挖下去，焦急地想要挖出矿脉来，但是完全没有收获。达哈比和他的叔叔非常沮丧，他们停止了继续向下挖，彻底失望了，后来他们把矿坑卖给了别人。然而后来根据一位工程师的计算，只要从达哈比和他叔叔停止挖掘的地点再往前挖1米，就能找到金矿。

果然，就在工程师所说的那个地方找到了金矿。

买矿坑的人是一位售货员，他把从矿坑中挖出来的金矿出卖，获得了几百万美元。他能发财，主要是因为他懂得寻找专家协助且不轻易放弃。

这个事过了很久，达哈比最终获得了成功，赚进了超过他损失的金钱的数倍的财富。这是他在从事推销人寿保险以后取得的。

达哈比记得他曾经在距离金矿1米远的地方停下，而损失了一大笔财富，所以现在他吸取了这个教训。他对自己说："我曾在距离金矿1米远的地方停下来，如今，在我向人们推销人寿保险的时候，我绝不因为对方说'不'就停下来。"达哈比后来成为少数每年推销出100万美元以上的人寿保险推销员中的一员。他锲而不舍的精神，应归功于他在挖矿时轻易放弃的经验教训。

【心灵悟语】

"行百里者半九十"。最后的那段路，往往是一道最难跨越的门槛。其实在每一个人的一生中，无论工作还是生活，都会或多或少地出现这样那样的极限环境，或者说极限困境。有的时候就需要那么一点点毅力，一点点坚持，成功就能触手可及。

很多时候，成功往往就在你想放弃的下一刻出现，如果你停止努力，就永远不可能享受到成功的果实，只能在成功的面前徒留遗憾。放弃必然导致彻底的失败。而不放弃，总会找到解决的办法，总会有所收获。所以，无论遇到什么困难，我们永远都不要轻易放弃。不放弃，是你跃过峻岭沟壑的勇气，涉过激流险滩的毅力，拥有了它，你会走出今日的困惑，拥有了它，你便拥有了一个光辉灿烂的明天。

培养优点小贴士：如何坚持不懈地去做一件事

1.有坚定的信念

首先要树立信念，当你有了信念以后，你便可以遨游在时间的海洋里，就算再累，你也会坚持。

2.不轻言放弃

不要有放弃的行为和举动，如果身边有人总是说叹气的话，或者说是放弃的话，那么你就尽量远离他们，保持自己的热情。

3.进行积极的自我暗示

心里的想法对一个人的行为有非常深远的影响，心态便是这个道理。在生活中常常进行一些积极的自我暗示，例如，我一定能瘦下去，我一定能战胜困难，等等，在这样主动的心态引导下，化解困难就不那么难了。

4.用榜样激励自己

古今中外凡有所成就的人，大多都是坚持不懈的人。找一个你特别佩服的对象，读读他的传记，了解他是如何成功的，以他为榜样，用榜样的力量激励自己持之以恒地努力学习。

5.奖赏或惩罚自己

若我们坚持不懈完成了任务，那么我们就奖赏一下自己；若我们不能持之以恒地做事，我们就要惩罚自己。人性的趋乐避苦特性会让我们养成持之以恒做事的习惯。

经得起打击，受得了挫折

逆境中坚持梦想

逆境给人宝贵的磨炼机会。只有经得起逆境考验的人，才能算是真正的强者。自古以来的伟人，大多是以不屈不挠的精神，从逆境中挣扎奋斗过来的。

——松下幸之助

在对著名的英国作家科贝特做采访时，记者问他当年是如何学习的，他回忆说："当我还只是一个每天薪俸仅为6便士的士兵时，我就开始学语法

如何让孩子更出色
——孩子要养成的 7 种优点

了。我的床铺边上，或者是专门为军人提供的临时床铺的边上，都成了我学习的地方。把一块木板往膝盖上一放，它就成了我简易的写字台。在将近一年的时间里，我没有为学习而买过任何专门的用具，我也没有钱来买蜡烛或者是灯油。在寒风凛冽的冬夜，除了火堆发出的微弱光线之外，我几乎没有任何光源。而且，即便是就着火堆的亮光看书的机会，也只有在轮到我值班时才能得到。为了买一支钢笔或者是一沓纸，我不得不节衣缩食，从牙缝里省钱，所以我经常处于半饥半饱的状态。

"我没有任何可以自由支配的时间来安静学习，我不得不在室友和战友的高谈阔论、粗鲁的玩笑、尖厉的口哨声、大声的叫骂声等各种各样的喧嚣声中，努力静下心来读书写字。要知道，他们中至少有一半以上的人是属于最没有思想和教养、最粗鲁野蛮、最没有文化素养的人。你们能够想象吗？

"为了一支笔、一瓶墨水或几张纸我要付出相当大的代价。揣在我手里用来买笔、买墨水或买纸张的那枚小铜币似乎有千斤之重。要知道，在我当时看来，那可是一笔大数目啊！当时我的个子已经长得像现在这般高了，身体很健壮，体力充沛。除了食宿免费之外，我们每个人每周还可以得到两个便士的零花钱。我至今仍然清楚地记得这样一个场面，回想起来简直就是恍如昨日。有一次，在市场上买了所有的必需品之后，我居然还剩下了半个便士。于是，我决定在第二天早上去买一条鲱鱼。当天晚上，我饥肠辘辘地上床了，肚子在不停地咕咕作响，我觉得自己快饿得晕过去了。但是，不幸的事情还在后头，当我脱下衣服时，我竟然发现那宝贵的半个便士不知道在什么时候已经不翼而飞了！我一下子如五雷轰顶，绝望地把头埋进发霉的床单里，就像一个孩子般伤心地号啕大哭起来。

"但是，在这样恶劣的环境下，我还是坚持不懈地去追求自己的梦想，最后功夫不负有心人，我终于圆了自己的梦想，成了一名作家。"

科贝特在这样的环境下还能坚持自己的梦想，是常人难以达到的。

【心灵悟语】

人的生活并非都是一帆风顺的，在我们的生命中总是充满着这样或那样的困难和问题。但是我们应该明白，在逆境中开放的花是最美的，就像冰山上的雪莲那样纯洁、美丽！面对逆境，沮丧、灰心、绝望地悲叹命运不公都无济于事。在逆境中，我们要保持一颗乐观向上的心，坦然面对失败，从现在开始，凭借自身的力量，挑战生活，挑战逆境，我们相信，任何困难和艰险都不会阻止我们迈向成功的脚步。只有历经磨难，才能到达巅峰，才能看到最美的风景，逆境不可怕，可怕的是没有挑战逆境的勇气。只有认真、努力地对待逆境，逆境才会变成一条蜿蜒的小路将我们导引向成功的殿堂。

人是从苦难中成长起来的

虽然世界多苦难，但是苦难总是能战胜的。

——海伦·凯勒

杰弗逊是美国著名的演讲家，他常常在演讲中提到自己的女儿。他很自豪地说："我的女儿活泼可爱、热爱运动。她是学校垒球队的主力队员，她的梦想是长大后征战职业赛场。"

有一次，杰弗逊应邀到国外演讲。忽然，他接到家里打来的电话：他心爱的女儿遭遇意外事故，身受重伤。他惊闻噩耗，如五雷轰顶，当即中断演讲，飞回美国。这时，女儿的一双小腿已被切除，性命幸好无恙。杰弗逊站在这个折断了翅膀的小天使面前，心如刀绞。他不知该怎样安慰女儿才好。是啊，命运对这位可爱的小姑娘太残酷了！她成为职业球星的梦想大概是破灭了，她还会在日后的生活中遇到许许多多的难题。她将如何调整自己的心态来应对自己的不幸？

小女孩见父亲愁眉苦脸的样子，安慰道："爸爸，不要难过呀！你不是常说，'每一个苦难与问题的背后，都有一个更大的祝福'吗？"杰弗逊看着女儿天真烂漫的样子，不知说什么好。道理是这个道理，痛苦却是实实在

125

如何让孩子更出色
——孩子要养成的 7 种优点

在的。他颤声说："可是，你的脚……"

"没有脚，我还有手呀！我应该为自己感到庆幸，因为命运只是夺走了部分我需要的东西，我仍然能追求我喜欢的生活。"两年后，小女孩升入高中。她凭自己的实力，再度入选校垒球队。装上义肢的她，不能奔跑，只能缓步行走。正常情况下她是无法上垒得分的，即使漂亮的"安打"也不行，除非她击出"全垒打"。因此，她每天苦练臂力。她要培养一种长处来弥补自己无法改进的缺陷。最终她成为该联盟最厉害的全垒球王。

【心灵悟语】

虽然每个人都不希望苦难降临在自己身上，然而苦难却不偏不倚地降临在每个人的身上。人是从苦难中成长起来的，没有苦难的人生是不完美的人生，就像没有风雨的天空就是不完整的天空一样。生活因有苦难的洗涤，才散发出成功的芳香；人因有苦难的磨炼，才散发出成熟的魅力。我们只有经历生活中的困难，才更懂得生存的意义。所以，即使面对再苦再难的生活，你也一定要坚强地挺下去，因为困难只是暂时的，而人类的力量是无限的。我们只要有坚定的信心，就一定会迎来属于自己的春天。

在困境中灌注新的希望

困难和折磨对于人来说，是一把打向坯料的锤，打掉的应是脆弱的铁屑，锻成的将是锋利的钢刀。

——契诃夫

有这样一个在困境中燃起生命和希望之火的故事：

一天早上，欧文与几个建筑工人，爬上一幢小房子的屋顶工作。那天天气极其闷热，而他们所做的工作又异常棘手。欧文当时正在一个木架上工作，主管叫他递一件工具。欧文伸手去取的时候，忽然，一根木条因不能承托他的重量而折断了。他踩了个空。

这一跌可不轻，因为他180斤重的庞大身躯是头先着地的。欧文后来回忆说："我的头先坠地，跟着身躯下压，使我的前额像扭扭棒一样扭曲地顶住我的胸膛。在那一刻，双脚已没有知觉了。

"当别人把我的头放在枕头上时，我才开始感觉到痛，那痛越来越厉害，我只好叫他们把枕头移走。我觉得头颅与身躯好像只由一根线连着。每移动一下我的头，痛楚就会加剧。我以为那根线快要断了，头颅也要与身体分家了。我挣扎着保持清醒。

"不久，救援队到了，他们要把担架放在我的身躯下，我非常害怕，因为我的痛楚已非常难耐了。不过，医生不断地安慰我，同时以利落的专业手法移动我，使我的痛苦不致增加太多。

"在医院里，脑科专家把我移上X光台，然后把我的头移到照X光的最佳位置。我以前虽然也经历过痛苦，但那一次的经历毕生难忘。不久。X光报告出来了，医生证实我的椎骨在第5节和第6节之间折断了。

"那一夜，我半睡半醒，反复回忆当天所发生的事。

"就在这既痛苦又迷糊的时候，我记起罗斯福总统的话：'我们需要害怕的，就是害怕本身。'

"第二天当我醒来后。头部两旁的支架提醒了我身在何方。不久我发觉，我愈减少活动，痛苦就会愈少。我觉得胸口以下像木乃伊一样。这种感觉非常恐怖，因为这意味着我的知觉已完全丧失了。"

以后数周，一切测试都证明欧文已终身残疾。但他仍抱有希望。他希望会有奇迹发生，他的脊梁骨会愈合，为大脑传递信息。

因此，他全心全意去找寻恢复之道，想知道怎样做才可以使自己恢复。他并没有向人问及自己的情况，因为他从两个护士的对话中，已知道自己四肢瘫痪了。欧文从未见过四肢瘫痪的人，但此刻他知道自己头颈以下的身躯已不能再动了！

如何让孩子更出色
——孩子要养成的 7 种优点

这位年轻的丈夫和父亲要面对的是无比艰辛的日子，但没有人比他更坚强。

他说："我要活下去。我要凭着意志活下去。我要激发求生的欲望，我要去医治，我要发挥自己的潜能。决心必会使我成功。我永不放弃！"

8年后，欧文仍需要以轮椅代步，但他仍说他的生命是美好的。

他说："我不会让自责、埋怨和憎恨占据我的内心。我深信憎恨只会带来破坏。我要带着爱去生活，虽然我身体残疾，但我的心仍向往美好。我现在认识到那些真正伤残的人，是那些只以外表完美作为美的标准的人。

"有时我在超级市场坐着电动轮椅在货架中穿行时，小朋友会瞪大好奇的眼睛望着我，但我只要向他们笑笑或眨一下眼就可以了。有一次，一个小朋友还对我说：'哇，你真勇敢啊！'"

欧文今天所做的，并不局限于和小朋友打招呼，他有自己的生意。他为酒店安排专业的保姆服务，还在"新希望"电话辅导中心当义务咨询员。

欧文找到了新的希望。他希望他的事迹可以为在困境中的人灌注新的希望。

【心灵悟语】

困难是磨砺人生的基石，只有在困难面前毫无怯意，经过艰苦的磨炼，才能成就伟大的事业。那些面对困难胆怯、畏缩、逃避的人，是不会有所建树的，更谈不上有何惊人的业绩了。所以，当困难降临时，我们不该逃避、不该抱怨，而应该以坦然、积极乐观的态度对待困难，最终战胜困难。

在生活的海洋中，事事如意、一帆风顺地驶向彼岸的事情是很少的。或学习上遇到困难，或生活上遭到不幸，或事业上遭到失败，这些都有可能发生。当困难出现时，我们不要唉声叹气，自认倒霉，也不要悲观绝望，自暴自弃，更不要怨天尤人，诅咒命运。而应该在厄运和不幸面前，不屈服、不后退、不动摇，顽强地同命运抗争。在重重困难中冲开一条通向胜利的路，成为征服困难的英雄，掌握自己命运的主人。

破茧而出的飞蛾

我认为挫折、磨难是锻炼意志、提高能力的好机会。

——邹韬奋

生物学家曾说过，飞蛾在由蛹变茧时，翅膀萎缩，十分柔软；在破茧而出时，必须要经过一番痛苦的挣扎，身体中的体液才能流到翅膀上去，翅膀才能结实有力，才能支撑它在空中飞翔。

一天，有个人凑巧看到树上有一只茧开始活动，好像有蛾要从里面破茧而出，于是他饶有兴趣地准备见识一下蛹变蛾的过程。

时间似乎过得很慢，渐渐地，他开始有些焦虑，变得不耐烦了，只见蛾在茧里奋力挣扎，但却一直不能挣脱茧的束缚，似乎不可能破茧而出了。

最后，他的耐心用尽，就用一把小剪刀，把茧上的丝剪了一个小洞，让蛾更容易出来。果然，不一会儿，蛾就轻而易举从茧里爬了出来，但是它身体非常臃肿，翅膀也异常萎缩，翅膀耷拉在两边伸展不起来。

他等着蛾飞起来，但那只蛾却只是跌跌撞撞地爬着，怎么也飞不起来，又过了一会儿，它就死了。

原来，飞蛾必须依靠自己的力量从小孔钻出来，才能将体内的一种液体压进翅膀，使翅膀得以承受身体之重，展翅飞行。这个好心人无疑是在帮倒忙！

【心灵悟语】

飞蛾破茧而出，挣脱千丝万缕牵扯，与过去做彻底决裂，必有一番无声的痛苦嘶喊。这是其成长必须经历的过程。不经历磨难的羽翼是脆弱的，小小的波折都能让它支离破碎。飞蛾在茧中的挣扎是生命中不可或缺的一部分，如果不经过必要的破茧过程，它就无法适应茧外的环境。这就好像一个人如果不经历必要的磨难，他就很脆弱，没有能力抵抗以后的风风雨雨。

常言道："自古英雄多磨难。" 磨难是检验我们心志的一种最好方式。不要抱怨生活中遇到的困难与挫折，我们应把这当成磨炼自己的机会。无论什么人，做任何事情都会碰到这样或那样的困难，都需要具有坚强的意志和毅力，而在努力的过程中，我们只有知难而进、迎难而上，才能在自己的领域中取得成功。

培养优点小贴士：如何面对生活中的挫折和打击

1.不要去抱怨

很多人在遇到挫折时，总是会不停地抱怨，比如说一些要不是别人怎样的话，我早就成功了之类的话，或者说一些早知道结果是这样，当初就不会那样做的后话，抱怨这些都是于事无补的，还不如想办法去解决问题。

2.要避免消极情绪

有些人遇到挫折时虽然没有表现出很急躁和冲动，看起来很平静，但已经是心灰意懒了，觉得自己没有关系，没有资源，不可能成功，不管多努力到头来也是白费力气，一定要杜绝这种想法，因为这样想百害而无一利。

3.不要想逃避

选择逃避，这是很多人遇到挫折时的第一想法，肯定没有人会喜欢挫折，很多人都认为逃离得越远越好，虽然说逃避也算是面对挫折的一种方式，但绝对不是最好的方式。

4.不要放弃

有些人一遇到困难和挫折就放弃目标，其结果必然是一事无成。而意志坚定、有坚强信念的人，善于把前进道路上的绊脚石变成垫脚石从而获得成功，实现生命的价值。

5.学会合理释放

受挫后，人会感到非常苦闷，你不要把这些坏情绪都压在心里，可以采取适当的方式将其宣泄出来。比如，和好友谈心、写日记、写信，向亲人、老师、同学倾诉，这些方式都有助于你缓解心理的压力；痛哭一场，不仅能让眼泪带走你心中的苦闷，也能起到维护心理健康的作用，哭过以后你就会觉得心情放松了许多。还可以通过外出散步、听音乐或参加感兴趣的集体活动来分散注意力，从而消解紧张心理，减轻或消除挫折感。

6.积极寻找战胜挫折的办法

除了宣泄受挫后的苦闷之外，你还需要做的就是从这次挫折中得到教训，并想办法克服困难，理智地从中解脱。你可以主动请父母、朋友帮你分析受挫的原因，并找出弥补和改善的方法，然后满怀信心地重新开始。

改变心态就是改变命运

积极的心态

态度决定成败，无论情况好坏，都要抱着积极的态度，莫让沮丧取代热情。人生可以功成名就，也可以一无是处，随你怎么去选择。

——吉格斯

有一天，拿破仑·希尔走出办公室，拦了一辆出租车。一上车便感觉到司机是个很快活的人。他唱着歌，一会儿是电影《窈窕淑女》中的插曲，一会儿是美国国歌。看他乐不可支的样子，拿破仑·希尔便搭腔说："看来你

如何让孩子更出色
——孩子要养成的 7 种优点

今天心情不错！"

"当然喽！为何要心情不好？我最近悟出了一个道理，情绪暴躁和消沉都没好处，因为事情随时都会发生转机。"接着，司机便讲了一个自己的故事。

"那天一早，我开车出去，想趁上班高峰期多赚点钱，可是事与愿违。那天天真冷，好像用手一摸铁皮，马上就会被粘住似的，车开出没多久，车胎便爆了。我也快气炸了！我拿出工具来，边换轮胎，边嘟囔着。可是天气太冷，只要工作一会儿，便得动动身子，暖暖手指头。就在这时，一辆卡车停了下来，司机从车上跳下来。使我更惊讶的是，卡车司机居然开始动手帮忙。轮胎修好之后，我一再道谢，但是卡车司机只是挥挥手，不以为然地跳上车走了。"司机说。

司机接着说："因为这件事，我整天心情都很好。看来事情总是有好有坏，人不会永远倒霉。起初因为轮胎爆了我很生气，后来因为卡车司机帮忙心情就变好了。连好运似乎也跟着来了。那天早上我忙得不得了，客人一个接着一个，所以口袋里进的钱也多了起来。塞翁失马，焉知非福。不要因为事情不如意就心烦，事情随时会有转机，只要能用正确的态度对待，好运将会陪伴着你。"

可能那位司机再也不会有不如意的事儿了。因为他认为世事随时会有转变，都可能否极泰来。这就是真正的积极心态。

【心灵悟语】

在生活中，你难免会遇到挫折、困难及烦恼，但这并不意味着你会被打败。你如果以积极心态勇敢面对人生，坚信好运必来，就能突破重围，任何难题都将迎刃而解。这一点适用于每一个人，每一种场合。因为好运总是站在积极心态者一边。一个积极心态者心中存有光明的远景，即使身陷困境，也能以愉悦的态度走出困境，迎接光明。

神　水

一切的和谐与平衡，健康与健美，成功与幸福，都是由乐观向上的心理产生与造就的。

——华盛顿

有一对年轻夫妻，无意得到了一瓶神水，据说每年喝上一小口，就会永葆青春。夫妻俩自然激动异常，回家后，小心翼翼地将那瓶神水放在柜中，有时只是远远地欣赏它，舍不得尝一小口。一年后，妻子生下了一个宝贝儿子，丈夫马上想到了神水，妻子正是需要它的时候啊。

由于喜悦，丈夫竟在慌乱中打翻了那瓶神水，随着瓶子的炸裂，神水满地四溢，消失得无影无踪。

"上帝啊！我怎么犯了这么个错误？真是不可饶恕啊！" 丈夫万分地懊恼。他想，此事千万不能告诉妻子。于是他找到了一只同样的瓶子，装上了一瓶普通的水。

妻子喝下一口后，惊叹道："噢，简直太好了，我的心都年轻了10岁！"

其后的日子里，妻子开始有一些发胖，原来纤细的腰肢渐渐朝水桶的模样发展。但那时没有镜子，妻子一点也没察觉。那不能怪她，因为她喝的并不是神水。丈夫时常赞美妻子："你还是姑娘般年轻漂亮！"

妻子听了非常高兴："是吗，亲爱的？"随后，便像姑娘般绯红着脸亲吻丈夫。两个人情深意浓，像洞房花烛时。一天，勤劳的丈夫病倒了，妻子马上想到了那瓶神水，她要用那瓶神奇之水去挽救丈夫，让他变得像小伙子似的。也许是由于太爱丈夫了吧，她在慌乱中也打碎了那只"神水"瓶。

"糟糕！我太不小心了，怎么能出现如此严重的失误呢？这可关系到丈夫的生命和青春啊！"她显得非常沮丧，"不能告诉他，让我说一次善意的谎言吧！"

如何让孩子更出色
——孩子要养成的 7 种优点

妻子迅速找来一只一模一样的瓶子，往里装上了普通的水，递到丈夫的嘴边："喝吧，喝了它你的病就会好的，而且还会像小伙子般年轻！"

"是的，"他喝下一小口，"我感觉好多了，你看我年轻了吗？"

"啊！简直太神奇了，你又变成了年轻时的模样！"妻子虽然看见了丈夫鬓边的几根白发，但依然由衷地赞美着。

丈夫为了让妻子高兴，也呵呵地笑了起来，心态也变得年轻起来。

日月如梭，几度春秋。寒来暑往中，几个孩子都长大了，成家了，生子了。虽然他们俩都知道对方变老了，脸上有了皱纹，白发早已替代了满头乌发，但他们都彼此隐瞒着，不把已苍老的信息传递给对方。

他们每日里仍然像年轻人一样欢笑、跳舞、歌唱，像年轻人一样精力充沛、健步如飞。一天，他们来到了一潭春水旁。水中的倒影是两位白发苍苍、脸如树皮的老者。两人不禁怔住，随即不约而同地哈哈大笑了起来，互相倾诉了埋藏多年的秘密。

这时，神来了，告诉他们，如果想年轻，只要跳到水里泡一泡就行了。他们谢绝了神的好意，说："只要我们的心永远年轻就行了。"

【心灵悟语】

是的，生活中最不能缺少的就是一颗永远年轻的心。心的苍老，会让人对一切都无动于衷，即使我们面对眼前五颜六色的彩虹，面对诗意的花前月下，面对着无限的商机，也会熟视无睹、置若罔闻。

如果能用积极的心态看世界，那么，你就会永远年轻，永远充满活力。年轻的心万金难买。所谓的神水，就是那颗年轻的心啊！年轻之心，比黄金珍贵，比神水神奇！

适应环境

不要期待环境为你而变，而要争取尽快地改变自己来适应环境。

——达尔文

　　一位社会心理学教授在课堂上告诉他的学生们："奋斗通常是指一种强硬的人生态度，主张不屈不挠，勇往直前。但事实上人在社会乃至整个自然界都是极其渺小的。因此，不要与它们硬碰硬。"

　　学生们很惊讶，这样的话竟然出自敬爱的导师之口。教授显然看到了同学们疑惑的表情，笑呵呵地说："在我看来，奋斗包含两个层面——积极斗争和消极适应。请大家随我走一趟。"

　　于是，同学们跟着教授来到他家门前的草坪上。教授指着一棵老槐树说，"这里有一窝蚂蚁，与我相伴多年。"学生们凑上前观看：树缝里有小洞，小蚂蚁们东奔西跑，进进出出，很热闹。教授说："近些日子，我常常想办法堵截它们，但未能取胜。"学生们发现，树周围的缝隙、小洞大多被泥巴和木楔给封住了。"可它们总是能从别的地方找到出路。"教授说，"我甚至动用樟脑丸、胶水，但是，它们都成功地躲过了劫难。有一段时间，我发现它们唯一的进出口在树顶，这是很不方便的，而一周后，我发现它们重新在树腰的空虚处开辟了一个新洞口。"

　　学生们听后很钦佩这群小蚂蚁，教授说："蚂蚁们的生存环境不比你们广阔，它们的奋斗舞台实在很狭窄，更重要的是，它们深深了解自己的力量。因此，它们没有与我这个'命运之神'对抗，而是忍让与适应，当它们知道自己无法改变洞口被堵死这一事实时，它们就很快地适应了。而自然界中那些善于拼搏、厮杀的猛兽，如狮子、老虎、熊，目前的生存境况大多岌岌可危，因为它们与蚂蚁相比，似乎不太懂得奋斗的另一层含义——适应。"

　　适应环境本身就是奋斗的一部分，只有在此基础上，开辟战场去对抗生活才有胜算的希望。

【心灵悟语】

　　任何人都不可能离开环境而生存，在无法改变环境时，我们应该改变自己，努力去适应环境。人不可能一直生活在自己意愿的环境中，

如何让孩子更出色
——孩子要养成的 7 种优点

当生存的环境变得越来越艰难时，我们要懂得改变自己去适应它。如果环境不利于我们，我们还要强行让外界适应我们的话，就可能会付出巨大的代价。所以说，与其试图让环境适应自己，不如改变自己去适应环境。当你从这样的角度出发，面对现实，千方百计改变自己，你就会发现，在改变自己适应环境的同时，环境也会逐渐遂了人愿。

科学技术的飞速发展，让现代社会的竞争变得日益激烈，如果想在竞争中生存下来，就要学会适应周围的环境，养成良好的适应性，找到适合自己的生存法门。只有这样，才能更好地在这个社会生存。因此，我们要从小培养自己的适应能力，学会适应他人，适应不同的环境。

陶瓷匠的故事

我要微笑着面对整个世界，当我微笑的时候全世界都在对我笑。

——乔·吉拉德

乡下有一位陶瓷匠，听说城里人喜欢用陶罐，便决定烧制自己最好的陶罐卖到城里。陶罐烧制好后，陶瓷匠雇来一艘轮船，准备将所有的陶罐都运到城里。想到自己卖了陶罐马上要过上富裕日子了，陶瓷匠兴奋不已。但谁也没想到轮船中途竟遇到强风暴，风暴过后，轮船也靠了岸，船上的陶罐却全成了碎片。

陶瓷匠非常沮丧，捶胸顿足之后，他又想，失去了那些陶罐本来就够不幸的了，现在如果再因此不快乐而糟践身体，岂不是更加不幸？他决定趁机到城里好好玩几天。在玩的时候，陶瓷匠却意外发现，城里人用来装饰墙面的东西很像自己烧制陶罐的材料。他便决定把那些陶罐碎片再砸碎，做成马赛克出售给建筑工地。最后，陶瓷匠不但没有因陶罐破碎而亏本，相反，他因出售了马赛克而大赚了一笔。

【心灵悟语】

　　这个世界就像个多棱镜一般，这一面是不幸，另一面可能就是幸运，如果能以一颗乐观的心态去对待，不幸就可以转化为幸运。世间事都在自己的一念之间。我们的想法可以想出天堂，也可以想出地狱。生活里，我们只要学会坦然面对不愉快的事，抱有一种乐观的态度，那么一切的好运都会涌向你。

培养优点小贴士：如何保持积极的心态

　　1.凡事往好的方面想

　　任何事物都存在着好与坏两个方面，没有绝对的好事，也没有绝对的坏事。因此，要一分为二地正确看待当前面临的困难与挫折，并且多从积极的一面去理解和引导事物的发展方向。

　　2.自我暗示

　　暗示自己保持积极乐观的态度。当情绪被生活、学习中的困难所困扰的时候，你可以闭上眼睛深呼吸，告诉自己说"我很快乐""我是最好的""我能行"等。这些心理暗示对平静心情、增强自信非常有效。

　　3.结交心态积极的朋友

　　人往往会在不知不觉中受到别人的影响，择友务必慎重。最好远离消极的人，使自己常处在积极的气氛中，最应该交的朋友是有干劲、乐观、爽朗、处事干练的人。

　　4.学会接受现实

　　当我们面对自己不愿意做的事情，但这件事又必须得做或者无法拒绝之时，我们不免会抱怨人生，但是我们应该学会坦然接受，以乐观的心态去完成这些事；当我们做错一件事情的时候，也不要老是计较自己之前的过失，因为已成现实，我们可以尽自己最大的努力挽回，但是不要让自己不开心太久。

放飞心灵，放飞快乐

简单生活

真正的快乐是内在的，它只有在人类的心灵里才能出现。

——布雷默

　　有一个商人坐在墨西哥海边一个小渔村的码头上，看着一个墨西哥渔夫划着一只小船靠岸。小船上有好几条大黄鱼，这个商人对渔夫能捕到这么高档的鱼而感到惊讶。商人问要多长时间才能抓这么多，渔夫说："才一会儿工夫就抓到了。"商人惊奇地问："你为什么不多干一会儿，好多抓一些鱼？"那渔夫却笑着回答说："这些鱼已经足够我一家人生活所需了。"

　　于是，商人又问："那你剩余的时间都在干什么？"渔夫告诉他："我每天睡到自然醒，出海抓几条鱼，回来后跟孩子们玩一玩，再懒懒地睡个午觉，黄昏时到村子里喝点小酒，跟哥们儿玩玩吉他，我的日子过得既快乐又忙碌呢！"

　　商人帮他出主意说："我是美国麻省大学企管硕士，我认为你应该每天多花一些时间抓鱼，到时候你就有钱去买条大一点儿的船。等有了大船后，你自然就能够抓更多的鱼，再买更多的渔船。然后你就可以拥有一个渔船队。到时候你就能够控制整个生产、加工处理和行销流程。最后你可以不待在这个小渔村，搬到城里，然后到纽约。在那里经营你不断扩大的企业。"

　　渔夫问："这要花多长时间呢？"商人回答："15年至20年。"

"然后呢？"

商人得意地说："然后你就可以在家快活啦！等时机一到，你就可以宣布股票上市，把你公司的股份卖给投资大众。到时候你就有数不完的钱！"

"然后呢？"

商人说："到那个时候你就可以享受生活啦！你可以搬到海边的小渔村去住。每天睡到自然醒，出海随便抓几条鱼，跟孩子们玩一玩，再跟老婆睡个午觉，黄昏时，晃到村子里喝点小酒，跟哥们玩玩吉他！"墨西哥渔夫疑惑地说："那与我现在有什么两样吗？"

既然渔夫已经在快乐地享受人生了，他还需要追求什么样的人生呢？人生在于这种享受简单生活的心情。

【心灵悟语】

简单的生活，为我们去除了来自于外界的烦恼，又为我们开拓了身心解放的快乐空间。简单生活并不是要你放弃追求，放弃梦想，而是让你抓住生活、工作中的本质及重心，以四两拨千斤的方式，去掉世俗浮华的琐务。

平凡是人生的主旋律，简单则是生活的真谛。简单生活，是一种丰富、健康、和谐、悠闲的生活；简单生活，是经过深思熟虑之后目标明确的生活；简单生活，才能活出真正的自我来。

学会遗忘

烦恼的事情最好在散步时把它忘掉，你不妨出来试试看看，一切烦恼事情都会像长了翅膀一样飞走。

——卡耐基

一艘游轮正在地中海蓝色的水面上航行，上面有许多正在度假的已婚夫妇，也有不少单身男女穿梭其间，个个兴高采烈。其中，有位明朗、和悦的

如何让孩子更出色
——孩子要养成的 7 种优点

单身女性，大约60岁，也随着音乐陶然自乐。这位上了年纪的单身妇人，虽曾遭丧夫之痛，但她能把自己的哀伤抛开，毅然开始自己的新生活，重新寻找生命的第二度春天。

她的丈夫曾是她生活的重心，也是她最为关爱的人，但这一切全都成了过去。幸好她一直有个爱好——画画。她十分喜欢水彩画，现在画画更成了她精神的寄托。她忙着作画，哀伤的情绪逐渐平息。而且由于努力作画，她开创了自己的事业，使自己的经济能完全独立。

有一段时间，她很难和别人打成一片，或把自己的想法和情感说出来。因为长久以来，丈夫一直是她生活的重心，是她的伴侣和力量。她知道自己长得并不出众，又没有万贯家财，因此在那段近乎绝望的日子里，她一再自问：如何才能使别人接纳我、需要我？

不错，才50多岁便失去了自己生活的伴侣，自然令人悲痛异常。但时间一久，这些伤痛和忧虑便会慢慢减缓乃至消失，她也会开始新的生活，从痛苦的灰烬之中建立起自己新的幸福。她曾绝望地说道："我不相信自己还会有什么幸福的日子。我已不再年轻，孩子也都长大成人，成家立业了。我还有什么地方可去呢？"可怜的她得了严重的自怜症，而且不知道该如何治疗这种疾病。好几年过去了，她的心情一直都很沉重。

后来，她觉得孩子们应该为她的幸福负责，因此便搬去与一个结了婚的女儿同住。但事情的结果并不如意，她的女儿也处于痛苦之中，两人关系一度恶化。她后来又搬去与儿子同住，但也好不到哪里去。

后来，孩子们集资买了一间公寓让她独住。这更不是真正解决问题的方法。她后来找到了解决问题的答案——我得使自己成为被人接纳的对象，我得把自己奉献给别人，而不是等着别人来给我什么。想清了这一点，她擦干眼泪，开始忙着画画。她也抽时间拜访亲朋好友，尽量制造欢乐的气氛，却绝不久留。

她开始成为大家欢迎的对象，不但时常有朋友邀请她吃晚餐，或参加各式各样的聚会，并且她还在社区的会所里举办画展，处处都给人留下美好的印象。

后来，她参加了这艘游轮的"地中海之旅"。在整个旅程当中，她一直是大家最喜欢接近的人物。她对每一个人都十分友善，但绝不紧缠着人不放，在旅程结束的前一个晚上，她的舱是全船最热闹的地方。她那自然而不造作的风格，给每个人都留下了深刻的印象。从那时起，她又参加了许多类似这样的旅游，她知道自己必须勇敢地走进生命之流，并把自己贡献给需要她的人。她所到之处，人人都乐意与她接近。她也终于走出了生活阴影，变成了一个开朗乐观的人，重新找回了属于她的快乐和幸福。

【心灵悟语】

　　一个人的一生中，不仅不可能没有挫折、坎坷，甚至还会发生某些不幸，诸如家庭成员意外，身患顽疾，学业失败，等等。但是一个人决不能因此而过度沉湎于这类坎坷回忆之中，或在悲伤中不能自拔。只有学会遗忘，换一个角度看社会，失望才会变成快乐，抑郁才会升华为欢悦。

　　现实生活中，许多时候我们总是抓住痛苦不放，以至于丧失了快乐。事实上，我们如果能够学会遗忘，放下痛苦，就能赢得生活的快乐。学会遗忘，就要把任何事情都看轻一点、看淡一点，把一些不该记住的东西及时遗忘，只留下温馨和美好，这样才能把愉快的心境、充沛的精力和长久的健康留给自己，使生命之树常青。

享受好当下的每一天

快乐不在于事情，而在于我们自己。

——理查德·瓦格纳

　　从前，有个男孩子住在山脚下的一幢大房子里。他喜欢动物、跑车与音乐。他爬树、游泳、踢球，喜欢漂亮女孩子。他过着幸福的生活。

　　一天，男孩子对上帝说："我想了很久，我知道自己长大后需要

如何让孩子更出色
——孩子要养成的 7 种优点

什么。"

"你需要什么？"上帝问。

"我要住在一幢前面有门廊的大房子里，门前有两尊圣伯纳德的雕像，并且后面带花园。我要娶一个高挑而美丽的女子为妻，她性情温和，长着一头黑黑的长发，有一双蓝色的眼睛，会弹吉他，有着清亮的嗓音。

"我要有3个强壮的男孩，我们可以一起踢球。他们长大后，一个当科学家，一个做参议员，最小的一个要当橄榄球队的四分卫。我要成为航海、登山的冒险家，并在途中救助他人。我要有一辆红色的法拉利汽车。"

"听起来真是个美妙的梦想，"上帝说，"希望你的梦想能够实现。"

后来，有一天踢球时，男孩磕坏了膝盖。从此，他再也不能登山、爬树，更不用说去航海了。因此他学了经营管理，而后经营医疗设备。

他娶了一位温柔美丽的女孩，长着黑黑的长发，但她却不高，眼睛也不是蓝色的，而是褐色的；她不会弹吉他，甚至不会唱歌，却做得一手好菜，画得一手好花鸟画。

因为要照顾生意，他住在市中心的高楼大厦里，从那儿可以看到蓝蓝的大海和闪烁的灯光。他的屋门前没有圣伯纳德的雕像，但他却养着一只长毛猫。

他有3个美丽的女儿，坐在轮椅上的小女儿是最可爱的一个。3个女儿都非常爱她们的父亲。她们虽不能陪父亲踢球，但有时她们会一起去公园玩飞盘，而小女儿就坐在旁边的树下弹吉他，唱着动听的歌曲。

他过着富足、舒适的生活，但他却没有红色法拉利。有时他还要取送货物，甚至有些货物并不是他的。

一天早上醒来，他记起了多年前自己的梦想。"我很难过。"他对周围的人不停地诉说，抱怨他的梦想没能实现。他越说越难过，简直认为现在的这一切都是上帝同他开的玩笑。妻子、朋友们的劝说他一句也听不进去。

最后，他因过度悲伤住进了医院。一天夜里，所有人都回了家，病房中只有他一个人。他对上帝说："还记得我是个小男孩时，对你讲述过我的梦想吗？"

"那是个可爱的梦想。"上帝说。

"你为什么不让我实现我的梦想？"他问。

"你已经实现了。"上帝说，"只是我想让你惊喜一下，给了一些你没有想到的东西。我想你应该注意到了我给你的东西：一位温柔美丽的妻子，一份好工作，一处舒适的住所，3个可爱的女儿——这是个最佳的组合。"

"是的，"他打断了上帝的话，"但我以为你会把我真正希望得到的东西给我。"

"我也以为你会把我真正希望得到的东西给我。"上帝说。

"你希望得到什么？"他问。他从没想到上帝也会有希望得到的东西。

"我希望你能因为我给你的东西而快乐。"上帝说。

他在黑暗中静想了一夜。他决定要有一个新的梦想，他要让自己梦想的东西恰恰就是他已拥有的东西。

后来他康复出院，幸福地住在公寓中，欣赏着孩子们悦耳的声音、妻子深褐色的眼睛以及精美的花鸟画。晚上他注视着大海，心满意足地看着远处的万家灯火。

【心灵悟语】

人生的快乐不是挂念过去，也不是憧憬未来，而是活在此刻，享受当下时刻。从某种意义上说，无论是过去还是未来，都是由当下决定的，只有抓住了当下，人生才会有快乐的过去和光明的未来。

生活中，我们每个人都可以拥有快乐，这个快乐就是现在。现在我们可以吃饱穿暖，现在我们有可以栖息的房屋，晚上我们可以进入梦乡，白天我们有事可做，那么我们有什么理由不快乐，有什么理由不感到幸福呢？

如何让孩子更出色
——孩子要养成的 7 种优点

蜗牛带我去散步

对于那些内心充溢快乐的人们而言，所有的过程都是美妙的。

——罗莎琳·德卡斯奥

从前，有一个年轻人，总是抱怨生活过得太无聊。于是，他找上帝诉苦，并恳求上帝给予帮助。

上帝给了他一个任务：牵一只蜗牛去散步。年轻人不能走得太快，蜗牛虽已经尽力爬，但每次总是挪动一点点。

年轻人催它、唬它、责备它，蜗牛用抱歉的眼光看着他，仿佛说："人家已经尽力了！"年轻人拉它、扯它，甚至想踢它，蜗牛受了伤，它流着汗，喘着气。

年轻人对着天空大声喊道："上帝啊！为什么上帝叫我牵一只蜗牛去散步？"天上一片安静。

"唉！也许上帝去抓蜗牛了！好吧！松手吧！反正上帝不管了，我还管什么？"年轻人在蜗牛后面独自生着闷气，任蜗牛自己往前爬。

就在这时，年轻人闻到了花香，原来这边有个花园。他感到微风吹来，原来这里的风这么温柔。他听到了鸟叫声，他听到了虫鸣，他看到了满天的星斗，多么漂亮，多么亮丽。咦？以前怎么没有发现这些原本存在的东西？

这个年轻人忽然感悟到："莫非是我弄错了！原来是上帝叫蜗牛牵我去散步。"

【心灵悟语】

在前进的道路上，放慢你的脚步，去欣赏两边的风景，或许会有一番惊喜。

放慢自己的脚步，是为了好好感受那些美好的事物。当你放慢脚步时，你会听到鸟儿的歌声是那么悦耳和谐，会看到天空的湛蓝，看到树梢在微风下轻轻摇动，会看到每一朵花都是那么鲜艳。当我们疾步前奔的时候，往往错失沿途美妙的风景；当我们悠闲地漫步时，才发觉原来路上的景色是如此迷人。

其实，人生就像一场旅行，在乎的不是目的地，而是沿途的风景，以及看风景的心情，这是一种令人羡慕的洒脱。在人生旅途中，适时地放慢脚步，感受一下沿途的风景，感悟一下美丽的人生，你就会觉得生活更加充实。

培养优点小贴士：让自己快乐的小秘方

1.宣布今天是属于你的日子

列出5件你喜欢做的事，例如：买件漂亮的衣服、洗一个澡、看场好电影、听优美的音乐、读本喜欢的书，干自己喜欢干的事是让自己快乐起来的最直接方式。

2.微笑

我们可以"骗"我们的身体进入快乐的状态，即使我们没有真正感到快乐。微笑和真正的快乐一样，有益于我们身心健康。

3.改变自己的造型

对自己的外貌感到快乐，是精神快乐的一半。换一个新发型、做面部护理、穿着喜欢的服饰。改变自己的造型也可以为自己带来快乐。

4.多做运动

心情不好，会损耗我们的活力和精力，因此，利用运动促进新陈代谢，是很重要的。血液供给增多，不仅可以增加你的精力，而且还可以改善你的精神状态。

5.抛弃情绪低沉的想法

当低沉的情绪一进入你的脑内，你就立即想其他的事，以免让低沉情绪影响自己的心情。

6.从日常小事寻找快乐

身旁的风景、花鸟、友人突来的电话都是你身边的小事，然而它们却可以带给你轻快感，可使你快乐。

7.不要使自己难受

总是杞人忧天地想着将来的事，会使你生活在忧虑之中。将那些想法完全抛在脑后，你只要想着如何使自己快乐就够了。

8.和快乐的人交往

谁能使你大笑，你就和谁交往。

不怕失败，勇往直前

把失败写在背面

我从来不知道什么是苦闷，失败了可以从头再来，前途是自己努力创造出来的。

——徐特立

有一个年轻人，很小的时候，他就有一个梦想，希望自己能够成为一名出色的赛车手。他在军队服役的时候，曾开过卡车，这大大提高了他的驾驶技术水平。

退役之后，他选择到一家农场里开车。工作之余，他坚持参加一支业余赛车队的技能训练。只要遇到车赛，他都会想尽一切办法参加。因为得不到好的名次，所以他在赛车上的收入几乎为零。这也使得他欠下了一笔数目不小的债务。

那一年，他参加了威斯康星州赛车比赛。当赛程进行到一半多的时候，他位列第三，他有很大的希望在这次比赛中获得好的名次。突然，他前面的两辆赛车发生了相撞事故，他迅速地转动赛车的方向盘试图避开他们，但终究因为车速太快未能成功。结果，他撞到车道旁的墙壁上，赛车燃烧了起来。当他被救出来时，手已经被烧焦了，鼻子也不见了，体表烧伤面积达40%。医生给他做了7个小时的手术，才将他从死神的手中夺了回来。

这次事故后，他尽管保住了命，可他的手萎缩得像鸡爪一样。医生告诉他说："以后，你再也不能开车了。"然而，他并没有因此而灰心绝望。为了实现那个久远的梦想，他决心再一次为成功付出代价。他接受了一系列植皮手术，为了恢复手指的灵活性，每天他都不停地练习用手残余的部分去抓木条，有时疼得浑身大汗淋漓，他也坚持着。在做完最后一次手术之后，他回到了农场，用开推土机的办法使自己的手掌重新磨出老茧，并继续练习赛车。

9个月之后，他又重返赛场！他首先参加了一场公益性的赛车比赛，但没有获胜，因为他的车在中途意外熄了火。不过，在随后的一次全程200英里的汽车比赛中，他取得了第二名的成绩。

又过了两个月，仍是在上次发生事故的那个赛场上，他满怀信心地驾车驶入赛场。经过一番激烈的角逐，他最终赢得了250英里比赛的冠军。

他，就是美国颇具传奇色彩的伟大赛车手——吉米·哈里波斯。

当吉米第一次以冠军的姿态面对热情而疯狂的观众时，他流下了激动的泪水。一些记者纷纷将他围住，向他提出一个相同的问题："你在遭受了那次沉重的打击之后，是什么力量使你重新振作起来的？"

此时，吉米手中拿着一张此次比赛的招贴图片，上面是一辆赛车迎着朝阳飞驰。他没有回答，只是微笑着用钢笔在图片的背面写上了一句凝重的话：把失败写在背面，相信自己一定能成功！

如何让孩子更出色
——孩子要养成的 7 种优点

【心灵悟语】

　　失败是任何人都不愿意看到的事情，但是，在很多时候，这也是难以避免的事情。出现失败后怎么办？如果你因此灰心丧气，悲观失望，则只能坐以待毙，一事无成；如果你能从失败中吸取教训、总结经验，这条路不行走那条路，这种方法不行用那种方法，你就一定能够走出失败的阴影，迈向成功。

　　在通向成功的道路上，任何一个人的发展之路，都不会是完全笔直的，每个人都要走些弯路，都要为成功付出代价。成功者也会失败，但他们之所以是成功者，就在于他们失败了以后，能够从失败中总结出教训，并从失败中站起来，发奋上进，于是，成功就接踵而来。

林肯进驻白宫的历程

人生的光荣，不在于永不失败，而在于能够屡仆屡起。

——拿破仑

　　以下是林肯进驻白宫的历程简述：

　　1816年，他的家人被赶出了居住的地方，他必须工作以抚养他们。

　　1818年，他母亲去世。

　　1831年，经商失败。

　　1832年，竞选州议员——但落选了！

　　1832年，工作也丢了——想就读法学院，但进不去。

　　1833年，向朋友借了一些钱经商，但年底就破产了，接下来他花了十多年，才把债还清。

　　1834年，再次竞选州议员——赢了！

　　1835年，订婚后即将结婚时，爱人却死了，因此他的心也碎了！

　　1836年，精神完全崩溃，卧病在床6个月。

　　1838年，争取成为州议员的发言人——没有成功。

1840年，争取成为选举人——失败了！

1843年，参加国会大选——落选了！

1846年，再次参加国会大选——当选了！前往华盛顿特区，表现可圈可点。

1848年，寻求国会议员连任——失败了！

1849年，想在自己的州内担任土地局长的工作——被拒绝了！

1854年，竞选美国参议员——落选了！

1856年，争取副总统的提名——得票不过百。

1858年，再度竞选美国参议员——又再度落败。

1860年，当选美国总统。

生下来就一贫如洗的林肯，终其一生都在面对挫败：8次参加选举6次都落败，两次经商失败，甚至还精神崩溃过。

"此路破败不堪又容易让人滑倒。我一只脚滑了跤，另一只脚也因而站不稳，但我回过头来告诉自己，这不过是滑了一跤，并不是爬不起来了。"在竞选参议员落败后亚伯拉罕·林肯如是说。

【心灵悟语】

人的一生都不会一帆风顺，难免会遭受挫折和不幸。成功者和失败者的区别就是，失败者总是把挫折当成失败，从而使每次挫折都能够深深打击他追求胜利的勇气，他们害怕再次失败而一蹶不振，失败对于他们是一颗令人望而生畏的苦果，他们永远也不敢再次品尝。成功者则在一次又一次挫折面前，总是对自己说："跌倒了，就再爬起来！"一个暂时失利的人，如果继续努力，打算赢回来，那么他今天的失利，就不是真正的失败。相反，如果他失去了再次战斗的勇气，那就是真的输了。

人生在世，试问有谁不曾跌倒？但跌倒了又如何？跌倒了再爬起来，再跌倒了就再爬起来。

如何让孩子更出色
——孩子要养成的 7 种优点

船舶陈列馆

我的那些最重要的发现是受到失败的启示后做出的。

——戴维

在西班牙的港口城市巴塞罗那，有一家世界闻名的造船厂，这个造船厂已经有1000多年的历史了。每次船厂生产出一艘船舶，都要依照其原貌再打造一个小模型留在厂里，并把这只船出厂后的命运刻在模型上。厂里有房间专门用来陈列船舶模型。因为历史悠久，所造船舶的数量不断增加，所以陈列室也逐步扩大，从最初的一间小房子变成了现在造船厂里最宏伟的建筑，里面陈列着将近10万只船舶的模型。

当人们走进陈列馆时，无一不被那些船舶模型上面雕刻的文字所震撼。有一只名字叫"西班牙公主"号的船舶模型上雕刻的文字是这样的：本船共计航海50年，其中11次遭遇冰川，有6次遭海盗抢掠，有9次与另外的船舶相撞，有21次发生故障抛锚搁浅。每一个模型上都是这样的文字，详细记录着该船经历的风风雨雨。在陈列馆最里面的一面墙上，是对上千年来造船厂的所有出厂的船舶的概述：造船厂出厂的近10万只船舶当中，有6000只在大海中沉没，有9000只因为受伤严重不能再次航行，有6万只船舶都遭遇过20次以上的大灾难，没有一只船从下海那一天开始没有过受伤的经历……

现在，这个造船厂的船舶陈列馆，早已经突破了原来的意义，它已经成为西班牙最负盛名的旅游景点，成为西班牙人教育后代获取精神力量的象征。

这正是西班牙人吸取智慧的地方：所有船舶，不论用途是什么，只要到大海里航行，就会受伤，就会遭遇灾难。

【心灵悟语】

其实，我们的人生就如同大海里的船舶，随时都可能经历风浪，没有不受伤的船，也没有不经历磨难的人生。面对挫折和失败时，我们不应该一味地怨天尤人和自暴自弃，而应该鼓起勇气，勇往直前。

失败是迈向成功的阶梯，任何成功都包含着失败。那种经常被视为是失败的事，实际上只不过是暂时性的挫折而已。这种失败又常常是一种幸福，是生活赐予我们的最伟大的礼物，因为它使我们振作起来，使我们向着更美好的方向前进。看起来像是失败的事，其实却是一只看不见的慈祥之手，阻挡了我们的错误路线，并以伟大的智慧促使我们改变方向，向着对我们有利的方向前进。

从失败中找到成功之路

伟大的尝试，即使失败了，也是壮美的。

——文森特·隆巴迪

李嘉诚在创业之初既有成功的喜悦，也有失败的痛苦，而他却能够从失败中找到一条成功之路。

李嘉诚经过几年生活磨炼之后，逐渐成熟了起来。干推销工作虽取得了一定的成功，但再努力毕竟也只是一名高级"打工仔"，而他所管理的塑胶企业、塑胶公司的财产毕竟是别人的。企业的成败都与李嘉诚的关系不大，这使十分渴望向社会证明自身价值的李嘉诚下定决心要自立门户。因此无论老板怎样赏识，再三挽留，他都决意要离开，他要用自己平日点滴的积蓄从零开始，自己创业。

1950年夏天，说干就干的李嘉诚以自己多年的积蓄和向亲友筹借的共5万港元在筲箕湾租了一间厂房，创办了"长江塑胶厂"，专门生产塑胶玩具和简单日用品，由此起步，开始了他叱咤风云的创业之路。

在创业最初的一段时期，李嘉诚凭着自己的商业头脑，以"待人以诚，

如何让孩子更出色
——孩子要养成的 7 种优点

执事以信"的商业准则发了几笔小财。但不久之后，一段惨淡经营期来了。几次小小的成功，使得年轻且经验不足的李嘉诚忽略了商战中的变幻莫测，他开始过于自信了。几次成功以后，他就急切地去扩大他那资金不足、设备简陋的塑胶企业，于是资金开始周转不灵，工厂亏损愈来愈重。过快的扩张，承接订单过多，加之设备简陋和人手不足，极大影响了塑胶产品的质量，迫在眉睫的交货期使重视质量的李嘉诚也无暇顾及愈来愈多的次品数量。于是，仓库开始堆满了因质量问题和交货的延误而退回来的产品，塑胶原料商开始上门催缴原料费，客户也纷纷上门要求索赔。

从做生意开始就四处举债的李嘉诚付出的代价是很惨重的，这几乎将李嘉诚置于濒临破产的境地。

这段时间，痛苦不堪的李嘉诚每天睁着布满血丝的双眼，忙着应付不断上门催还贷款的银行职员，应付不断上门威逼他还原料费的原料商，应付不断上门连打带闹要求索赔的客户，以及拖家带口上门哭哭闹闹、寻死觅活要求按时发放工资的工人们。

充满自信心的李嘉诚做梦也没有想到，在他独自创业的最初几年里初尝成功的喜悦后，随之而来的却是灭顶之灾。1950年到1955年的这段沉浮岁月，直到今日，李嘉诚回想起来都心有余悸。这是李嘉诚创业史上最为悲壮的一页，它沉痛地记录了李嘉诚摸爬滚打于暴雨泥泞中的艰难历程，它用惨重的失败反映了李嘉诚成功之路的坎坷不平和最为心痛的一段际遇。

失败其实并不可怕，最重要的是失败之后是否仍能继续保持或者拥有清醒的头脑。像任何身处逆境的人一样，李嘉诚经过一连串痛定思痛的磨难后，开始冷静分析国际经济形势变化，分析市场走向。

在种类繁多的塑胶产品中，李嘉诚所生产的塑胶玩具在国际市场上已经趋于饱和状态了，似乎已经没有竞争力了。这就意味着他必须重新选择一种能救活企业、在国际市场中真正有竞争力的产品，从而实现他塑胶厂的起死回生。其后他果然从意大利引进了塑胶花生产的技术，并一举成为港岛的"塑胶花大王"。

【心灵悟语】

　　人生之路充满坎坷，一个人不可能永远一帆风顺，难免会遇到挫折。遇到挫折并不可怕，重要的是你如何面对它。有的人会灰心，会气馁；而有的人会调整心态，重整旗鼓……不愿面对失败的人，永远都是失败的；敢于面对失败的人，即使最后失败了，也仍然是成功的，因为他懂得如何对待挫折。

　　每一次当我们做出尝试但没有成功时，不必太在意，至少我们可以从中学到一些东西而有助于完成最终的目标。当你试过一种方法但却行不通时，换另一条路走。如果你把挫折当成成功的经验，那么你一生中成功的次数将远远多于失败的次数。

培养优点小贴士：面对失败的正确态度

　　1.吸取教训

　　从失败中学习，从失败中吸取教训。从失败中吸取教训可以让你学得更快、更多。失败并不是一个问题，只有当你无法从失败中吸取教训时，它才会变成一个问题。忘掉失败，不过要牢记失败中的教训。

　　2.寻找原因

　　遇到失败或挫折时应冷静分析，从客观、主观、目标、环境、条件等方面，找出失败的原因。回顾自己做过的每一个步骤，到底错在哪里。是没能按原计划进行？还是对风险的预期不够全面？是自己粗心大意造成的，还是搭档出了问题？自己有没有及时调整……试着回忆有没有这类问题发生，从而弄明白自己失败的原因。

　　3.保持乐观

　　成功的人即使知道迈向成功的道路会充满阻碍与挫折，他们也会勇敢地前进。因此，我们要经常保持自信和乐观的态度，要知道正是挫折和教训才使我们变得聪明和成熟，正是失败本身才最终造就了成功。

4.学会宣泄

明明付出了一切，很有信心成功，但却遭遇到失败。有些人遇到这种情况恐怕不能轻轻松松地从失败的失落中调整过来。这时候倒不如彻彻底底地发泄出自己的情绪。不妨找一两个亲近的人、理解你的人，把心里的话全部倾吐出来。从心理健康角度而言，宣泄可以消除因挫折而带来的精神压力，可以减轻精神疲劳。

第五章 习惯优点：
习惯好，才是真的优秀

勤俭节约，具备良好的理财能力

一块写有"勤俭"的横匾

历览前贤国与家，成由勤俭破由奢。

——李商隐

从前，有一个农民，他一生勤俭持家，日子过得无忧无虑，生活十分美满。在临终前，他把一块写有"勤俭"两字的横匾交给两个儿子，告诫他们说："你们要想一辈子不受饥挨饿，就一定要照这两个字去做。"

后来，兄弟俩分家时，将匾一锯两半，老大分得了一个"勤"字，老二分得一个"俭"字。老大把"勤"字恭恭敬敬高悬家中，每天"日出而作，日落而息"，年年五谷丰登。然而他的妻子过日子却大手大脚，孩子们常常将白白的馍馍吃了两口就扔掉，久而久之，家里就没有一点余粮了。老二自从分得半块匾后，也把"俭"字当作"神谕"供放中堂，却把"勤"字忘到九霄云外。他疏于农事，又不肯精耕细作，每年所收获的粮食就不多。尽管一家几口节衣缩食、省吃俭用，毕竟也是难以持久。

这一年遇上大旱，老大、老二家中都早已是空空如也。他俩情急之下扯下字匾，将"勤""俭"二字踩碎在地。这时候，突然有纸条从窗外飞进屋内，兄弟俩连忙拾起一看，上面写道："只勤不俭，好比端个没底的碗，总也盛不满！只俭不勤，坐吃山空，一定要受穷挨饿！"兄弟俩恍然大悟，"勤""俭"两字原来不能分家，相辅相成，缺一不可。吸取教训以后，他

如何让孩子更出色
——孩子要养成的 7 种优点

俩将"勤俭持家"四个字贴在自家门上，提醒自己，告诫妻子儿女，身体力行，此后日子过得一天比一天好。

【心灵悟语】

勤俭是一种立身、立家、立业的美德。所谓勤俭，包括勤劳和节俭两个重要方面，缺一不可。勤俭持家、节俭做事，需要有一分一文的节俭意识，需要有积少成多的节俭行为，需要有一以贯之的节俭传统。

勤俭作为一种生活方式，体现了一个人的生活态度、理想信念、价值观念和作风形象。勤俭不是吝啬，而是美德，有助于一个人修身养性、陶冶情操，也是一个人发展的重要因素。纵观古今，凡是通过艰苦奋斗取得突出成就的人，都拥有节俭这种崇高美德。勤俭的人能够致富，节约的人能够守财，一个人只有具备了致富与守财的能力，才能让自己永远不为财富发愁。

学会储蓄

与其到头来收拾残局，甚至做成蚀本生意，倒不如当时理智克制一些。

——李嘉诚

石油大王洛克菲勒16岁开始闯荡商界。他最先是在一家商行当簿记员。他从母亲那里继承了清教徒式的节约基因。虽然收入不多，月薪只有40元，但他仍然把大部分钱积蓄起来，为日后的投资做准备。两年后，他开始做腊肉和猪油的投机生意，成为一个小有资本的商人。这时他仍然保持着储蓄的习惯，他要为今后的大投资做准备。机会来了，在1859年石油业掀起热潮时，他凭靠长期积蓄的财力，拍得一家炼油厂，并获得了这家炼油厂的产权。这就是帮助他登上石油大王宝座的炼油厂。经过20年的经营，洛克菲勒控制了美国90%的炼油业，成为亿万富翁。他成功的基础，就是他16岁时开始养成的存款习惯。

【心灵悟语】

看完这个故事后，你是否已经意识到储蓄的重要性？储蓄是理财的基础，是成功的基本条件之一。当我们审视世界上那些大大小小的成功创业的经验时，我们会发现，成功者都有一个良好的习惯，这就是储蓄存款。即便是在他们经济条件并不宽裕时，他们也努力节衣缩食，一点点积攒、储蓄。他们一旦面临机遇时，这辛苦存下的钱便成为他们成功的起点。

对于青少年来说，储蓄的习惯也是非常重要的。如果平日大手大脚，花钱没有节制，那到了真正需要钱的时候，就会束手无策。因此，我们要学会利用储蓄理财。

股神巴菲特

理财必须花长久的时间，短时间是看不出效果的。理财是马拉松比赛，而不是百米冲刺。

——李嘉诚

巴菲特是美国投资界的重量级人物，他凭着极好的人缘、精明的头脑、果断的作风，被人们誉为"最伟大的投资者"。

巴菲特从小就显露出了他的投资奇才。11岁时他就用零花钱买了3股城市服务公司的股票，不久股价上升，他急于抛出，赚了5美元。但后来该股股价狂升，巴菲特后悔不迭，由此他吸取了深刻的教训，如果对某种股票有信心，就要坚持到底，不管买后是升还是降。所以，巴菲特后来买进股票，都保持很多年。他严格按照自己这种投资信条买卖股票，他在初中毕业时，就赚了不少钱，并在拉斯维加斯购置了一块40亩的大农场。

在20世纪70年代，当传播事业和广告业处于低潮时，巴菲特又大举购进了包括华盛顿邮报、美国广播公司在内的多种股票。他似乎有点石成金的力量，当他买进这些股票后，这些股票的股价便直线上升，这又使巴菲特发了一笔财。

最为人津津乐道的就是他收购哈萨维公司的股票的事。巴菲特在1965年购入该公司股票时，每股只值12美元，此后股价一路上涨，到20世纪90年代时，每股为8500美元，26年来股价翻了708倍，成为纽约证券交易所价格最高的股票。

当有人问起巴菲特成功的奥秘时，他说："第一，做事要果敢，切忌犹犹豫豫。第二，不熟悉不做。如果有人向你廉价出让美国钢铁、通用汽车的股票，你最好别接手，虽然这些都是很好的公司，但如果涉及太多科技，而你根本不了解，就最好不要沾手。第三，选择高素质公司。其标准是：只需较少的流动资金经营，老板持有大量现金，老板有足够大的裁决权。"

【心灵悟语】

投资是致富的一条捷径，但投资失败也会血本无归。投资的奥秘就在于要有果敢的原则。投资时，如果前怕狼后怕虎，犹豫不决，我们就会错过许多机遇。当然，果敢并不是一味冒险，必须要有精明的头脑。

学会挣钱

一个人一生能积累多少钱，不是取决于他能够赚多少钱，而是取决于他如何投资理财。人找钱不如钱找钱，要让钱为你工作，而不是你为钱工作。

——沃伦·巴菲特

有一个小男孩家境很好，可是父母给他的零花钱却很少，因为父母总是告诉他，想赚钱就要付出劳动，因为他现在不能干什么活，所以零花钱自然就少。有一天，妈妈对他说："儿子，你不是想赚更多的零花钱吗？你可以试试这个办法。"

"什么办法？"小男孩急切地问。

"我们这里的垃圾箱里有很多的饮料瓶，你可以捡来卖啊。"

"嗯，妈妈，这个主意不错。"

从此以后，小男孩就趁着空闲的时间去捡饮料瓶，有时还到邻居家上门收购。

后来，邻居干脆把用完的饮料瓶直接送到他家。

靠着卖饮料瓶子，小男孩儿已经挣了一小笔钱。

【心灵悟语】

学会挣钱，是一个人在社会上生存的一种基本能力，它可以培养我们的开拓精神，使我们成为一个自食其力的人。只有在挣钱的过程中，体验到艰辛，了解到赚钱的不容易，我们才会改正大手大脚、挥霍浪费的坏习惯，而开始精心地计划自己的财务收支。

在一些国家，许多小孩从他们入学起就开始接受理财方面的学习和培训。国外许多成功人士，他们从小就有很强的理财意识，很早就开始他们的理财活动，如存钱、打工、投资证券等。美国著名的股神巴菲特从5岁开始送报赚钱，11岁就开始投资股票，以至成为最成功的投资者之一，这绝对与他从小开始理财有关。只有从小树立投资理财的意识与追求财富的观念，才能在资源竞争越来越激烈的现代社会中更快、更早获得成功。

培养优点小贴士：如何培养良好的理财习惯

1.拥有正确的金钱观念

金钱是为我们所用的，不要让金钱成为驾驭我们的主人。

2.多了解一些投资知识

可以适当看一些投资理财方面的书，了解一些有关存款、债券、基金等

如何让孩子更出色
　　——孩子要养成的 7 种优点

方面的知识。
　　3.学会存钱
　　以自己的名义在银行开一个户头，可以增强自己自我管理钱财的能力。
　　4.养成记账的习惯
　　记账是一个好习惯，我们可以把自己的收入和支出都以书面的形式记下来，这样就能清楚地知道钱是怎么挣来的，又花到什么地方去了。可以对照一个月或一年的账，看看有什么钱是该花的，有什么钱是不该花的。
　　5.养成节俭的习惯
　　很多人认为，钱节省不下来，总是有花的地方。其实这是借口，任何人都可以养成节俭的好习惯。比如，是否可以少买一个玩具，少到外面吃一次饭，或者在吃饭的时候少点一个菜，这样均能省下一些小钱。长此以往，积少成多，小钱就会成为大钱。
　　6.买东西时三思
　　先把想买的东西写上，然后考虑几天，如果还是觉得有必要买再买。对于那些可有可无的东西，别和其他人攀比，完全没有必要，只会给自己徒增烦恼。如果是一些阶段性强又比较贵的东西，比如精装的书、影碟等，可以和同学合买，这样做既省钱又能得到有价值的东西。

开卷有益，养成爱学习的好习惯

养成爱读书的习惯

　　书籍是人类最好的朋友。你遇到任何困难的时候，都可以向它求助，它永远不会背弃你。

　　　　　　　　　　　　　　　　　　——都德

一位少年利用暑假替街坊修整草坪，赚取一点零花钱。

让他感到困惑的是，有些人付酬时总是不那么爽快，比如巴罗先生，该他付工资的时候，他不是说身边没有比50美元再小的票子，就是说手头的支票暂时用光了，要不，索性好几天不见人影。虽然少年很希望得到自己应得的酬劳，但又觉得不宜过于较真。

一天傍晚。少年路过巴罗先生家时，被他热情地叫住了。巴罗先生请少年进屋坐坐，并有些难为情地说："我应该……不过……"少年爽快地说："没关系的。""我的账上出了点小差错，不久就会搞清楚的。我想，你也许愿意在我这里挑一两本书看看，作为一种补偿。"

少年环顾一下，屋里到处是书，真像个图书馆。少年并不爱读书，见了这么多书，既惶恐，又钦佩，少年问："这些书您都读过吗？"

巴罗先生说："这些还只是我保留下来的值得读第二遍的书。"

为了掩饰自己不爱读书，少年借了一本《正义永存》，并且在回家后，硬着头皮开始读它。谁知道，才翻了几页，他就被深深地吸引住了。当少年去归还《正义永存》时，巴罗先生又递给他玛格丽特写的一本关于人类学的经典之作。谁也没想到，这本书竟让少年迷上了人类学！

35年后，当当年的那个少年在达特茅斯学院讲授人类学的时候，他才明白：那年夏天，巴罗先生已付给了他最高的报酬——养成爱读书的习惯。

【心灵悟语】

阅读是一种能改变人类精神品质的行为，对一个人一生的发展非常重要，它不仅使人知识广博，更重要的是它能陶冶人的情操，使人的精神内涵更加丰富。众所周知，古今中外有很大一部分成功人士并不一定能受到良好的教育，因为他们都生于贫苦的家庭。他们之所以能成功，除了有一个远大的志向、坚强的意志外，往往还得益于某种启迪。这种启迪就是读书。

如何让孩子更出色
—— 孩子要养成的 7 种优点

　　读书是积累知识的最好方法，书是人的精神食粮，是一个想成功的人必不可少之物。许多成功人士在回顾自己的成长经历时，也常常将人生一些最真诚、最辉煌的瞬间与一本或几本好书联结在一起。一本好书能够给予一个人最初的人生启蒙甚至终生的影响，这是多么神奇啊！广泛阅读各种书籍，无疑是我们体察人性、认识自我、追求辉煌的一条捷径。

不断学习

　　人不是靠他生来就拥有的一切来造就自己，而是靠他从学习中所得到的一切来造就自己。

——歌德

　　曾经有位记者这样问香港富豪李嘉诚："今天你拥有如此巨大的商业王国，靠的是什么？"李嘉诚回答说："知识。"有位外商也曾经问过李嘉诚："李先生，您成功靠什么？"李嘉诚毫不犹豫地回答："靠学习，不断地学习。"的确，不断地学习知识是李嘉诚成功的奥秘。

　　李嘉诚勤于自学，在任何情况下都不忘记读书。青年时打工期间，他坚持自学，在经营自己的商业王国期间，他仍孜孜不倦地学习。一位熟悉李嘉诚的人说，晚睡前是他雷打不动的看书时间，他喜欢看人物传记，只要是对全人类有所帮助的人他都很佩服，都心存景仰。早在办塑料厂时他就订阅了英文塑料杂志，既学了英文，又了解了世界最新的塑料行业动态。在当时，懂英文的华人在香港是"稀有动物"。也正是因为懂得英文，李嘉诚可以直接飞往英美参加各种展销会，谈生意可直接与外籍投资顾问、银行高层打交道。如今，尽管李嘉诚已事业有成，但仍爱书如命，仍坚持不懈地读书学习。

　　李嘉诚说："在知识经济的时代里，如果你有资金，但缺乏知识，没有最新的讯息，无论何种行业，你越拼搏，失败的可能性越大；但是你有知识，没有资金的话，小小的付出就能够有回报，并且很有可能达到成功。现在跟数十年前相比，知识和资金在通往成功的道路上所起的作用完全不同。"

【心灵悟语】

在人的一生之中，要有所成就，就必须要不断学习并且把学习贯穿于自己的一生。

当今是知识经济时代，知识是现代社会的灵魂。学习是提高自身素质的基础和重要途径。我们要始终保持一种学习的状态，要充分认识到自己的不足，要有危机感，要有不学习就恐慌的感觉。学习、学习、再学习，提高、提高、再提高，实践、实践、再实践，应该成为每个人的一种觉悟、一种修养、一种境界、一种责任、一种追求更高素质的永不满足的升华过程。总之，学习是一生一世的事，只有终身学习、不断学习，才能成为真正的强者，更好地实现自身的价值。

学无止境

我们一定要给自己提出这样的任务：第一是学习，第二是学习，第三还是学习。

——列宁

这是美国东部一所大学期终考试的最后一天。在教学楼的台阶上，一群工程学高年级的学生正在讨论几分钟后就要开始的考试，他们的脸上充满了自信。这是他们参加毕业典礼和工作之前的最后一次测验了。

一些人在谈论他们现在已经找到的工作，另一些人则谈论他们将会得到的工作。带着经过4年的大学学习所获得的自信，他们感觉自己已经准备好了，并且能够征服整个世界。

他们知道，这场即将到来的测验将很快结束，因为教授说过，他们可以

如何让孩子更出色
——孩子要养成的 7 种优点

带他们想带的任何书或笔记。要求只有一个，就是他们不能在测验的时候交头接耳。

他们兴高采烈地冲进教室。教授把试卷分发下去。当学生们注意到只有5道评论类型的问题时，脸上的笑容更加灿烂了。

3个小时过去了，教授开始收试卷。学生们看起来不再自信了，他们的脸上是一种恐惧的表情。没有一个人说话。教授手里拿着试卷，面对着整个班级。

他俯视着眼前那一张张焦急的面孔，然后问道："完成5道题目的请举手。"没有一只手举起来。"完成4道题的有多少？"仍然没有人举手。"3道题？"学生们开始有些不安，在座位上扭来扭去。"那一道题呢？"

整个教室仍然一片沉默。

"这正是我期望看到的结果。"教授说，"我只想给你们留下一个深刻的印象，即使你们已经完成了4年的工程学习，关于这项科目仍然有很多的东西你们还不知道。这些你们不能回答的问题是与每天的生活实践相联系的。"然后他微笑着补充道："你们都会通过这门课程，但是记住——虽然你们现在已是大学毕业生了，你们的学习之路还只是刚刚开始。"随着时间的流逝，教授的名字已经被遗忘了，但是他教的这堂课却没有被遗忘。

【心灵悟语】

知无涯，学无境。学习是没有终点的。在现实生活中，无论是在哪个年龄阶段，在哪种环境里，我们都应继续学习，人生是不会毕业的。只有终身学习、不断学习，才能成为真正的强者，更好地实现自身的价值。

在这个知识经济时代，我们必须注重自己的学习能力，必须勤于学习、善于学习，并且终身学习，只有这样才能在竞争激烈的社会中立于不败之地。

虚心向他人学习

成功的第一条件是真正的虚心，对自己的一切敝帚自珍的成见，只要看出同真理冲突，都愿意放弃。

——斯宾塞

这一年，郑明获得了博士学位后，被分配到一家研究所工作，他成了研究所中学历最高的一个人。有一天，郑明闲来无事，就到研究所旁的一个小池塘去钓鱼，恰巧正副两位所长也在钓鱼。他只是微微点了点头，没有说话。

不一会儿，正所长放下钓竿，伸伸懒腰，噌噌噌从水面上如飞似的跑到对面上厕所。郑明眼睛瞪得都快掉出来了，水上飞？不会吧？这可是一个池塘啊。正所长上完厕所回来的时候，同样也是噌噌噌地从水上漂回来了。怎么回事？郑明又不好意思去问，自己是博士生啊！

过一阵儿，副所长也站起来，走几步，噌噌噌地漂过水面上厕所。这下子博士更是差点昏倒：不会吧，到了一个武林高手云集的地方？

过了一会儿，郑明也内急了。这个池塘两边有围墙，要到对面厕所就得绕好长一段的路，而回研究所上又太远，怎么办？郑明也不愿意去问两位所长，憋了半天后，也起身往水里跨：我就不信本科生能过的水面，我堂堂的博士过不去！

只听"扑通"一声，郑明一下子掉到了水里。两位所长慌忙把他拉上来，问他为什么要下水。郑明尴尬地问："为什么你们可以走过去呢？"

两位所长一愣，然后相视一笑："你不知道，这个池塘里有两排木桩子，由于这两天下雨涨水正好淹在水下了。我们都知道这木桩的位置，所以能踩着桩子过去。你怎么不问一声呢？"

郑明之所以落水，其实就是因为他自恃高明，而不屑于向别人求教。

如何让孩子更出色
——孩子要养成的 7 种优点

【心灵悟语】

　　善于向他人学习，是提高自己的一种有效手段。每个人身上都有值得学习的地方，我们需要有一双善于发现别人优点的眼睛。"三人行，必有我师焉"。把别人当成自己的一面镜子，可以从他们那里知道自己的缺点，还可以从他们那里得到鞭策和鼓舞。

　　对青少年来说，你可以在和朋友、同学之间的互相学习中找到自己的不足，发现他人的优点，弥补自己的缺点；勤于向他人学习，虚心接受他人正确的意见，是使自己在短时间内取得最大进步的秘诀。同时还可以改善与他人的关系。每个人都乐于与他人分享自己的经验，每个人都是有奉献精神的。你学习别人的长处，别人也可以学习你的长处，这个分享与互动的过程，会让你和同学、朋友的关系更为融洽。

培养优点小贴士：如何培养良好的读书习惯

　　1.制订学习计划

　　要根据自己的具体情况，制订一份适合自己的全面学习计划。其内容当然是以学习为主，安排好学习时间，同时还应合理安排锻炼身体时间、集体活动时间、文化娱乐时间，等等，让这些活动来调节我们的大脑。

　　2.讲究学习方法

　　提高学习能力要有正确的学习方法。正确的学习方法是不断探索、总结归纳得来的，而且因人而异，因时而异，有的人在清晨时学习效果好，而有的人却在夜深人静时学习效果好，有的人喜欢静思，有的喜欢争论，但无论哪种学习方法，都各有所长，只要是适合自己的，就是好的学习方法。探求到适合自己的学习方法，就犹如找到了开启知识宝藏的金钥匙，受益终身。

　　3.秉持谦虚的学习态度

　　谦虚是学习的前提，而向别人请教就更需要谦虚。我国历来都把勤学好问、不耻相师作为一种美德，"一字之师""千里寻师""程门立雪"等故事一直被广为流传。只有认为自己学得太少，觉得自己知识太浅薄，才能有一种如饥似渴地学习知识的愿望，才能时时处处虚心向他人请教。如果一个人总是自以为是，既无求师之心，又无好问之长，就只能将知识置之于门外了。

4.循序渐进

学习与做其他事情一样，都应该由浅入深、先易后难。有些学生性子急，凡事都喜欢搞突击，总想一下看到效果，一晚上就学完一本书，结果使得大脑始终进行一种单一的学习，时间过长，其兴奋性降低，疲劳感就趁机而入。此时，如果拼命去钻研，可能就会越急越难有效率，往往事与愿违，适得其反。最好在平时打下扎实的基础，一步一个脚印，步步走稳，这样学习起来就会容易得多。

5.树立终身学习的观念

学习应是持之以恒的过程，如果做不到这一点，即使有再高的学习热情，也不会取得学习上的真正成效。因此，我们应对学习有深刻的认识，树立终身学习的观念。

浪费时间就是浪费生命

时间的重要性

你热爱生命吗？那么你就别浪费时间，因为时间是组成生命的材料。

——富兰克林

从前，有一位年轻人整日无所事事，觉得无聊，就去拜访一位禅师。

如何让孩子更出色
——孩子要养成的 7 种优点

禅师笑呵呵地问他："年轻人，你来找我，有什么事吗？"

年轻人面无表情地说："唉，我觉得活着很没有意思！希望大师能给我指明一条道路，让我未来有方向可走。"

禅师疑惑地问："你现在不是活得好好的吗？还有什么祈求？"

年轻人长叹一声说："我至今仍一无所有，我想让自己的生活富有起来。"

禅师一听，呵呵笑说："先生，你现在还不富有吗？你不是和常人一样，每天有86400秒的时间吗？"

"时间？时间对我有什么用处？我每天打发时间都打发不掉，它既不能当荣誉，也不能换来金钱，唉！"

禅师肃然地说："你认为生命中最富有的是什么？"

年轻人摇摇头说："不知道！要是知道的话，我不会每天这么迷茫。"

"你不认为时间是这个世界上最珍贵的东西吗？"

年轻人摇了摇头，平淡无奇地说："感觉不出来，要是时间珍贵的话，我不会成日那么无聊，一分分浪费时间。"

"你当然感觉不到时间的珍贵！试想一下，如果一个乘机的游客错过一分钟，这一分钟值多少钱？如果一个'幸运儿'刚刚死里逃生，那抢救的每一分钟值多少钱？如果一名百米短跑的运动员与金牌失之交臂，一毫秒又值多少钱？如果……"

年轻人久久地听着，好像明白了许多，羞愧地低下了头。

禅师转过脸来问他："现在，你知道生命中什么最富有吗？"

年轻人吞吞吐吐地说："时间，还是时间。"

禅师欣慰地笑说："对了！你已找到了人生的方向，脚下的路会慢慢明朗起来。"

【心灵悟语】

意识到时间的重要性，人生的方向也就明朗了。

时间是人人都拥有的财富，但并不是所有的人都能理解它的价值。

有的人把时间视为生命的一切，有的人仅将其当作用餐和睡眠的刻度。善用时间就是善用自己的生命。你从手上放走时间，就是放走自己的生命；你把时间掌握在手中，你就掌握了自己的生命。

时间是人生最大的财富。如果说昨天是一张作废的支票，明天是一张没有兑现的期票，那么，只有今天才是握在手里的现金。既然人生最宝贵的财产已经掌握在你的手中，那么我们就要好好地利用时间。

一分钟的价值

时间是一切财富中最宝贵的财富。

——德奥弗拉斯多

著名教育家班杰曾经接到一个向往成功、渴望被指点迷津的年轻人的电话，说明来意后，班杰和他约好了见面的时间和地点。

当年轻人如时赴约时，不禁被眼前的景象惊呆了——班杰的房门大开着，里面乱七八糟，一片狼藉。这时班杰走出来和他打招呼："看，我这里太乱了，请稍等一分钟！"然后关上了门。

过了一分钟，班杰打开门并热情地把他迎进屋里，此时他眼前却是一间非常整齐的房间，各种物品摆放得井井有条。正当他惊讶时，班杰将一杯酒递给他："干杯！年轻人，现在你已经得到答案了吧？"

"可是我还没有向您请教呢？"年轻人很不解。"难道这还不够吗？"班杰一边指着自己的房间一边说，"你进来又有一分钟了！""一分钟！"他若有所思地说，"我懂了，您让我明白了一分钟的时间可以做很多的事情！"

【心灵悟语】

一分钟虽短，但却无价。如果你紧紧地把握住它，它将会给你带来无限的财富；如果你轻视它，它只会给你带来无尽的伤悲。

如何让孩子更出色
——孩子要养成的 7 种优点

　　哲人曾说过：珍惜时间、利用时间的人才是生活的强者。有的人一辈子活得庸庸碌碌，其实不是他们不聪明、不努力，而是没有利用好时间。相反，有的人一举成名天下知，是因为他们能够利用好人生当中的每一分钟，能成为驾驭时间的主人。

　　生命是无价的，是任何东西都无法替代的，活着就要善待自己，做一些有意义的事情。就让我们从现在开始珍惜生命中的每一分钟，好好利用上天赐给予的每一分钟吧！

闲暇时间

时间，就像海绵里的水，只要愿挤，总还是有的。

——鲁迅

　　雅克那时只有14岁，年幼疏忽，对于拉尔·索及埃先生那天告诉他的一个真理，未加注意，但后来回想起来真是至理名言，尔后他就从中得到了不可限量的益处。

　　拉尔·索及埃是他的钢琴教师。有一天，给他教课的时候，索及埃先生忽然问他，每天要花多少时间练琴。他说三四个小时。

　　"你每次练习，时间都很长吗？"

　　"我想这样才好。"雅克答。

　　"不，不要这样。"老师说，"你长大以后，每天不会有长时间空闲的。你可以养成习惯，一有空闲就几分钟几分钟地练习。比如在你上学以前，或在午饭以后，或在休息余暇，五分钟、十分钟地去练习。把练习时间分散在一天里面，如此弹钢琴就成了你日常生活的一部分了。"

　　当雅克在巴黎大学教书的时候，他想兼职从事写作。可是上课、看卷子、开会等事情把他白天晚上的时间完全占满了。差不多有两个年头他一字未写，他的借口是没有时间，这时，他才想起了拉尔·索及埃先生告诉他的话。

到了下一个星期，他就把拉尔·索及埃的话实践起来了。只要有5分钟的空闲时间，他就坐下来写一百字或短短几行。

出乎他的意料，在那个星期的终了，他竟积有相当可观的稿子了。

后来他用同样的方法积少成多，创作长篇小说。他的授课工作虽然十分繁重，但是他每天仍有许多可利用的余闲时间，他同时还练习钢琴。他发现每天小小的间歇时间，足够他从事创作与弹琴两项工作了。

【心灵悟语】

真正的成大事者善于化整为零。在我们的生活中，常常有一些零碎和闲暇的时间，它看起来很不起眼，但日久天长，积累起来将是一个十分可观的数字。如果把它们积累起来好好利用的话，我们肯定会有很大的收获。

其实，每个人都有很多的零散时间，就算把生活安排得再井然有序，难免还是会在无意中多出一些零碎时间，如：车站候车或吃饭排队的三五分钟，睡前或医院候诊的半个小时等。我们如果能将这些零碎的时间，合理地安排到自己的学习和生活中，积少成多，就会有意外的收获，譬如在排队等车的时候背背英语单词，那么积少成多，相信你的英语词汇量会不断增加。

无论何时，都要守时

最聪明的人是最不愿浪费时间的人。

—— 但丁

德国哲学家康德是一个十分守时的人。1779年，他想要去一个名叫珀芬的小镇拜访他的一位老朋友威廉先生。于是，他写了信给威廉，说自己将会在3月5日上午11点钟之前到达那里。威廉回信表示热烈欢迎。

3月4日，康德就到达了珀芬小镇，为了能够在约定的时间到达威廉先

如何让孩子更出色
——孩子要养成的 7 种优点

生那里，他第二天一早就租了一辆马车赶往威廉先生的家。威廉先生住在一个离小镇十几英里远的农场里。而小镇和农场之间，隔着一条河。康德需要从桥上穿过去。但马车来到河边时，车夫停了下来，对车上的康德说："先生，对不起，我们过不了河，桥坏了，再往前走很危险。"

康德只好从马车上下来，看看从中间断裂的桥，他知道确实不能走了。此时正是初春时节，河虽然不宽，但河水很深。康德看看时间，已经10点多了，他焦急地问："附近还有没有别的桥？"

车夫回答："有，先生。在上游还有一座桥，离这里大概有6英里。"康德问："如果我们从那座桥上过去，以平常的速度多长时间能够到达农场？""最快也得40分钟。"车夫回答。这样康德先生就不能在约好的时间到达了。

于是，他跑到附近的一座破旧的农舍旁边，对主人说："请问您这间房子肯不肯出售？"农妇听了他的话，很吃惊地说："我的房子又破又旧，而且地段也不好，你买这座房子干什么？""你不用管我有什么用，你只要告诉我你愿不愿意卖？""当然愿意，200法郎就可以。"

康德先生毫不犹豫地付了钱，对农妇说："如果您能够从房子上拆一些木头，在20分钟内修好这座桥，我就把房子还给你。"农妇再次感到吃惊，但还是把自己的儿子叫来，及时修好了那座桥。

马车终于平安地过了桥。10点50分的时候，康德准时来到了老朋友威廉的房门前。一直等候在门口的老朋友看到康德，大笑着说："亲爱的朋友，你还像原来一样准时啊。"

康德和老朋友度过了一段快乐的时光，但是他对于为了准时过桥而买下房子、拆下木头修桥的过程却丝毫没有提及。后来，威廉先生还是从那位农妇那里知道了这件事，他专门写信给康德说：老朋友之间的约会大可不必如此煞费苦心，即使晚一些也是可以原谅的，更何况是遇到了意外呢。但是康德却坚持认为守时是必须的，不管是对老朋友还是陌生人。

【心灵悟语】

所谓守时，就是遵守时间，履行承诺，答应别人的事情就要在规定的时间范围内完成。守时，不是一件小事，守时不仅是自身素质的一种体现，也是对他人尊重、负责的一种人际关系体现、一种积极的人生态度。如果你对别人的时间不表示尊重，你也不能期望别人会尊重你的时间。一旦你不守时，你就会失去影响力。

守时是一种对别人的尊重，是自己的一种信誉，是一种于细节处相见的美德。它不仅体现出一个人对人、对事的态度，更体现出一个人的道德修养。每次的守时，都会给对方留下良好的印象，从而为自己赢得更多的朋友。不遵守时间的人，在浪费自己和别人宝贵时间的同时，也会失去朋友，有谁愿意和一个不懂得珍惜时间、不懂得尊重他人的人做朋友呢？不守时只是一个表象，还是对时间的轻视和对别人的漠视，所以说，守时不单单是礼貌问题，更是道德问题。

培养优点小贴士：如何成为惜时如金的人

1.不在无聊的事情上浪费时间

没完没了的电视剧、费神耗时的网络游戏、无休无止的交际聚会都不是为你准备的。一旦你对它们着迷，就意味着你要付出大量的时间成本。有思想、有头脑的青少年应该"有所为有所不为"，多把时间花在有意义的事情上，而绝不要在无聊又无益的事情上浪费时间和精力。

2.用好习惯取代拖沓的坏习惯

许多人的拖沓已经成了习惯。如果你有这个毛病，你就要训练自己，用好习惯取代拖沓的坏习惯。每当你发现自己又有拖沓的倾向时，静下心来想一想确定你的行动方向，然后再给自己提一个问题："我最快能在什么时候完成这件事情？"定出一个最后期限，然后努力遵守。渐渐地，你就会改掉拖沓的坏习惯。

3.为所做的事情限定时间

人都有一种很微妙的心理，也就是平常所说的"压力产生动力"。因为，人们一旦知道时间很充足，注意力就会下降，效率也会随之降低，而如果被要求必须在规定时间内完成某事，那么他就会很自觉地为自己施压，效率就会大大提高。人的潜力是很大的，这样做通常不会影响身心健康，因此，你不妨通过这种方式挖掘自己的潜力。

4.善于利用零碎时间学习

一分钟可以做很多事情，如阅读400字的短文，背诵2个单词等，因此，我们可以在走路、等车、坐车等空闲时间做有价值的事情。

5.制订时间计划表

为自己制订出一个大概的计划与时间表，尤其要重视你当天应该完成的两三项主要任务。这样有利于你合理利用时间并且少浪费时间。

做事有条不紊，让你事半功倍

分清轻重缓急

做事要看大目标，不要只顾小事情。

——余世维

美国伯利恒钢铁公司总裁查尔斯·舒瓦普，向效率专家艾维·利请教"如何更好地执行计划"的方法。

艾维·利声称可以在10分钟内就给舒瓦普一样东西，这东西能将他公司的业绩提高50%，然后他递给舒瓦普一张空白纸，说："请在这张纸上写下你明天要做的6件最重要的事。"舒瓦普用了5分钟写完了。

艾维·利接着说："现在用数字标明每件事情对于你和你的公司的重要性次序。"

舒瓦普又花了5分钟做完了。

艾维·利说："好了，把这张纸放进口袋，明天早上来公司第一件事就是把纸条拿出来，做第一项最重要的事。不要看其他的，只看第一项。着手办第一件事，直至完成为止。然后用同样的方法对待第二项、第三项……直到你下班为止。如果只做完第一件事，那不要紧，你总是在做最重要的事情。"

艾维·利最后说："每一天都要这样做——您刚才看见了，只用10分钟时间——你对这种方法的价值深信不疑之后，叫你公司的人也这样干。这个试验你爱做多久就做多久，然后给我寄张支票来，你认为值多少钱就给我多少。"

一个月之后，舒瓦普给艾维·利寄去一张2.5万美元的支票，还有一封信。信上说，那是他一生中最有价值的一课。

5年之后，这个当年不为人知的小钢铁厂一跃成为世界上最大的独立钢铁厂。人们普遍认为，艾维·利提出的方法功不可没。

【心灵悟语】

在生活中，勤奋做事却没有取得成就的人比比皆是。这是因为他们常犯一个错误，那就是分不清主次轻重。他们常常是捡了芝麻丢西瓜，虽然小事干得又多又好，但成效不大，因为那毕竟是些无关紧要的小事，而真正重要的大事却常常被他们忽视，因为小事已经占用了他们大部分的时间和精力。

提高做事效率的关键在于：分清轻重缓急，设定优先顺序。古人云："事有先后，用有缓急。"任何事情都有轻重缓急之分。最重要的事情应该优先处理，不应将其和不重要的事情混为一谈。对于那些零零散散的事务，我们可以先把它们按照"急重轻缓"的顺序，整理好再着手处理。只有分清哪些是最重要的并把它做好，做事才会变得井井有条，简约有效。

做事要有计划

做一件事的步骤：订目标，做计划，行动。

——陈安之

林颖的女儿叶青青学习成绩一直不理想，为此她没少操心，因为女儿已上初中了，如果学习成绩再上不去，将来上重点高中就没希望了。

一个偶然的机会，林颖听同事说他的儿子考上了重点大学，全得益于从小学开始，在每学期开学前都制订一个学习计划。于是，林颖也决定帮助女儿制订一个学习计划。

林颖把自己的想法告诉了女儿，女儿很是高兴。在妈妈的帮助下，青青制订了一份学习计划书。计划书如下所示：

1.学习目标

(1)继续发挥英语的特长，参加英语兴趣小组，并参加全校的英语竞赛，在上学期英语成绩在班上名列第9名的基础上，争取超越4个人，进入前5名。

(2)物理成绩一直不理想，自学时要向物理倾斜，争取使物理成绩进入班上前15名。

(3)化学成绩虽然一直处于中上等，但是在实验课上动手能力不强，因此在以后上实验课时要主动配合老师和同学做实验，用心记录实验现象与数据，争取使化学成绩提升到班上前5名。

(4)语文虽然是强项，但不能掉以轻心，要加强阅读和理解记忆，并保持班上前5名的成绩。

2.具体措施

(1)每天晚上抽出40分钟学习物理，并做一些练习题；

(2)每天早上读50分钟英语单词，增加词汇量；

(3)星期六上午用一个小时预习化学；

(4)星期六下午去图书馆看课外书。

学习计划书制订好后，青青便按照计划去安排学习，除特殊情况以外，她都能按照计划执行。学期结束时，她的成绩果然有了显著提高，各门功课都达到了预期的目标。

【心灵悟语】

做事必须有计划。确定目标，制订计划，根据计划采取行动，这些步骤构成了人生的一条条轨迹。思考问题、制订计划等行为激发了个人的心智潜能及创造力。反之，没有计划、没有条理的人，无论从事哪一行都不可能取得成功。

古人讲：凡事欲则立，不欲则废。说的就是计划的重要性。有计划去做事，则事半功倍；无计划去做事，则事倍功半。很多人抱怨自己学习或做事效率低，抱怨自己该做的事没做，该重点做的也没有做，经常错误百出，遭受老师或父母批评，却不知道原因何在，其实，是我们没有认真去计划做事。

好的计划是成功的开始。只有事前拟订好了行动的计划，梳理通畅了做事的步骤，做起事来才会应付自如。凡事三思而后行，事前多想一步，事中就少一点盲点。只有做好规划，心中有蓝图，才能够临阵不乱，稳扎稳打地获得成功。

专注才能成功

忙碌和紧张带来的只有工作情绪；只有全神贯注工作效率才高。

——松下幸之助

法国作家莫泊桑，很小便表现出了出众的聪明才智。一天，莫泊桑跟舅父去拜访舅父的好友——著名作家福楼拜。舅父想推荐福楼拜做莫泊桑的文学导师。可是，莫泊桑却骄傲地问福楼拜究竟会些什么，福楼拜反问莫泊桑会些什么，莫泊桑得意地说："我什么都会，你知道的我都会。"

福楼拜不慌不忙地说："那好，你就先跟我说说你每天的学习情况吧。"莫泊桑自信地说："我上午用两个小时来读书写作，再用两个小时来弹钢琴，下午则用一个小时向邻居学习修理汽车，用3个小时来练习踢足球，晚上，我会去烧烤店学习怎样制作烧鹅，星期天则去乡下种菜。"说完后，莫泊桑得意地反问道："福楼拜先生，您每天的工作情况又是怎样的呢？"

福楼拜笑了笑说："我每天上午用4个小时来读书写作，下午用4个小时来读书写作，晚上，我还会用4个小时来读书写作。"莫泊桑不解地问："难道您就不会别的了吗？"福楼拜没有回答，而是接着问，"你究竟有什么特长，比如有哪样事情你做得特别好的？"这下，莫泊桑答不上来了。于是他便问福楼拜："那么，您的特长又是什么呢？"福楼拜说："写作。"

原来特长便是专心地做一件事情。

莫泊桑下决心拜福楼拜为文学导师，一心一意地读书写作，最终取得了丰硕的成果。

【心灵悟语】

专注可以使人进入忘我的境界。一个专注的人，往往能够把自己的时间、精力和智慧凝聚到所要干的事情上，从而最大限度地发挥积极性、主动性和创造性，提高做事效率，努力实现自己的目标。对青少年来说也是如此，只有善于克制自己，把精力放在学习上，完成自己的任务，才有成功的希望。

小王的故事

聪明人会把分散精力的事置之度外，只专心致志地去学一门技艺，学一门就要把它学好。

——歌德

好多年前，有人要将一块木板钉在树上当隔板，小王走过去管闲事，想要帮那个人一把。

那人说："你应该先把木板头锯掉再钉上去。"于是，小王找来锯子，但还没有锯到两三下又撒手了，说要把锯子磨快些。

于是小王又去找锉刀。接着又发现必须先在锉刀上安一个顺手的手柄。于是，他又去灌木丛中寻找小树，可砍树又得先磨快斧头。

磨快斧头需将磨石固定好，这又免不了要制作支撑磨石的木条。制作木条少不了木匠用的长凳，可这没有一套齐全的工具是不行的。于是，小王到村里去找他所需要的工具……

后来人们发现，小王无论学什么都是半途而废。他曾经废寝忘食地攻读法语，但要真正掌握法语，必须先对古法语有透彻的了解，而没有对拉丁语的全面掌握和理解，要想学好古法语是绝不可能的。

小王进而发现，掌握拉丁语的唯一途径是学习梵文，因此便一头扑进梵文的学习之中。

小王从未获得过什么学位，他所受过的教育也始终没有用武之地。但他的先辈为他留下了一些钱。他拿出10万美元投资了一家煤气厂，可造煤气所需的煤炭价钱昂贵，这使他大为亏本。于是，他以9万美元的售价把煤气厂转让了出去，另又开办起煤矿来。可这又不走运，因为采矿机械的耗资大得吓人。因此，小王把在矿里拥有的股份变卖成8万美元，并将其投入了煤矿机器制造业。从那以后，他便像一个内行的滑冰者，在有关的各个工业部门中滑

如何让孩子更出色
——孩子要养成的 7 种优点

进滑出。

　　他恋爱过好几次，可是每一次都毫无结果。他对一位姑娘一见钟情，十分坦率地向她表露了自己的爱慕之情。为使自己配得上她，他开始在精神品德方面陶冶自己。他去一所星期日学校上了一个半月的课，但不久便自动逃遁了。两年后，当他认为胜券在握可以启齿求婚之时，那位姑娘早已嫁给了一个愚蠢的家伙。

　　不久他又如痴如醉地爱上了一位迷人的、有5个妹妹的姑娘。可是，当他上姑娘家时，却喜欢上了二妹，不久又迷上了更小的妹妹。到最后一个也没谈成功。

　　小王一直在困惑着，他之所以困惑，是因为他从没有专注于一件事。

【心灵悟语】

　　小王的教训告诉我们，一个人如果无法专心做好一件事，那么不管他的条件有多好，他都无法做好自己的工作。

　　人的精力是有限的，分散精力，东抓一把，西抓一把，效果不会太好，即使成功，也只是偶然。世界上看起来可做的事情很多，但真正能抓住的却很少。一生咬定一个目标不放松，一生只挖一口井，一生只做一件事，把一件事做透，才是成功人生的捷径，才有可能达到光辉的顶点。

培养优点小贴士：如何提高做事的效率

　　1.做事前安排顺序

　　做事前，要有一个全面系统的顺序安排，按照安排的顺序做事。比如：早上起床做事的顺序是穿衣——叠被子——整理房间——刷牙洗脸——吃早饭——拿书包——出门上学。如果不按顺序来，势必造成混乱，影响效率。

　　2.不被琐事打扰

　　在学习时，你的思维可能会被一些本没打算消耗精力的事情打断。比如，同学打来的聊天电话、临近的假期安排、一会儿的足球比赛，等等。各种纷繁的琐事一旦出现就会马上分散你的注意力，使你的心思马上被这些事情拉走，如果这些打扰过于频繁，那么你就一定难以真正做到安心学习。最好的办法就是减少影响你的因素，如果你已经习惯了，最好的办法就是在你的书桌上写上"专心"等字样，每次一看到就提醒自己把心思放到学习上，从而尽快把心思从别处拉回来。

3.制订计划

相信笔记，不相信记忆。养成"凡事预则立"的习惯。一天之计在于昨晚，不在于今晨；一月之计在于上月底，不在于月初；一年之计不在于年初，而在于上年末。做好计划，将一切事情，排成计划表，并按时完成。

4.坚持"要事第一"

要事第一是高效做事的关键。要事第一就是在做事的过程中分清事情的重要程度，按重要程度的顺序做事，把最重要的事放在最重要的位置上。只是忙碌地做事并不能产生高效率，先做好最重要的事情才是成功的关键。

小事成就大事，细节成就完美

注重细节

天下难事，必作于易；天下大事，必作于细。

——老子

美国伯杜饲养集团公司董事长弗兰克·伯杜的成功与懂得"注重细节"有关。

如何让孩子更出色
——孩子要养成的 7 种优点

弗兰克·伯杜家有一个很大的养鸡场。在弗兰克·伯杜10岁的时候，父亲给了他50只鸡让他饲养。当然，这一切是有条件的：一是这些鸡都是父亲挑剩的劣质仔鸡，二是养鸡要自负盈亏。

伯杜欣喜若狂，信心十足地开始了自己的第一次经营活动。由于对养鸡的事一窍不通，于是他便认真观察起鸡来。在伯杜的精心饲养下，那些原本蹩脚的小鸡越来越强壮。后来，伯杜的鸡产蛋量远远超过了父亲的那些良种鸡。

父亲对伯杜的评价是："伯杜能够注意到细小的环节，并且能够认真实施和改进。"

再后来，父亲将一部分鸡场交给伯杜管理经营。事实进一步证明了伯杜的管理和销售能力，他管理的几个鸡场的效益都超过了父亲。在伯杜19岁的时候，父亲将整个养殖场都交给了他。

弗兰克·伯杜在回顾自己童年时，他说："注意事物的每一个细节，使我对整体事物的把握更加自信。我后来的一切智慧，无非是在这个基础上更加努力地思考而已。"

【心灵悟语】

古人说得好："泰山不拒细壤，故能成其高；江海不择细流，故能就其深。"所以，大礼不辞小让，细节决定成败。为人处世或是学习，都不仅仅是把握大局就可以了。许多成功的关键总是隐藏在一些不被人注意的小细节中，你注意到了，便能走对道路，你忽略了，便可能失去这枚打开成功大门的钥匙。

无数事实表明，成大事者都从小事做起，注重每一个细节问题。生活中，想做大事的人不少，但愿意把小事做细的人很少；雄韬伟略的战略家不少，但精益求精的执行者很少。我们应该改变心浮气躁、浅尝辄止的毛病，重视细节，从小事做起，这样，才能成为对社会有贡献的人！

从小事做起

把每一件简单的事做好就是不简单；把每一件平凡的事做好就是不平凡。

——张瑞敏

小丽大学毕业后幸运地被一家证券公司录用，她感到十分兴奋，每天都在憧憬着自己美好的未来。然而，真正开始工作后她才发现，不知什么原因，公司给新人安排的实际工作并不多，每天让他们做的都是些杂七杂八的事情，比如发报纸、复印、传真、文件整理，等等。

与小丽一同来的新人们觉得自己不应该总做这些杂活，总做这些事没什么前途。而且，他们普遍都有种感觉：作为刚毕业的大学生，自己没有得到应有的重视。于是，很多人都不免满腹牢骚，便经常找借口推脱。更有些人心里每天都在盘算着寻找新的出路，工作起来更加心不在焉。

小丽的心里也觉得有些委屈。在和男朋友谈起这事时，已在职场打拼多年的男朋友笑了笑，说："小事不愿意做，怎么能做大事呢？有一句话说得好：细微处方见真品性。更何况，公司很可能就是在考察新到的员工，看一看到底哪些人是真正踏实肯干的人。"

听到男朋友的话，小丽豁然开朗，她不再和大家一起发牢骚，见到别人不愿意做的琐事，她便接过来做，一下子就忙碌了起来，有时甚至要加班加点。其他的新同事都笑她傻，有些还说她爱表现。不管别人怎么说，小丽总是默默工作，从不多事。

小丽一点一滴的工作，公司主管都看在眼里，于是开始选择一些专业的工作给她。公司的老员工也喜欢这个"傻女孩"，很乐意将工作心得传授给她。逐渐地，小丽工作越来越顺手，人际交往也把握得越来越好。

过了两个月，在讨论新人任用的问题时，小丽被安排到了她最向往的岗位上，成功地踏出了职业生涯的第一步。

如何让孩子更出色
——孩子要养成的 7 种优点

【心灵悟语】

只有做好小事才能做成大事。在生活中，我们要甘于做一些小事。通过做这些小事，积累了经验，增强了信心，日后我们定能干更大的事情。

成功人生，往往就从小事开始。点滴的小事之中蕴藏着丰富的机遇，不要因为它仅仅是一件小事儿而不去做。立大志，干大事，精神固然可嘉，但只有脚踏实地从小事做起，从点滴做起，不放过各种锻炼的机会，才不会与机遇失之交臂，才会在社会中找到立足之地。一件小事往往可以反映出一个人做事的态度，可以成为我们成功的契机。

改良焊接剂

要成就一件大事，就必须从小事做起。

——列宁

有一名青年，在美国某石油公司工作。他的学历不高，也没有什么特别的技术。他在公司做的工作，连小孩子都能胜任，他的工作就是巡视并确认石油罐盖有没有焊接好。

当石油罐在输送带上移动至旋转台上时，焊接剂便自动滴下，沿着盖子回转一圈，作业就算结束。他每天如此，反复好几百次地注视着机器工作。没几天，他便开始对这项工作厌烦了，他很想改行，但又找不到其他工作。他想，要使这项工作有所突破，就必须自己找些事做。因此，他便集中精力注意观察这项焊接工作。

他发现罐子每旋转一次，焊接剂就滴落39滴，焊接工作便结束。他努力思考：在这一连串的工作中，有没有什么可以改善的地方呢？

一次，他突然想到：如果能将焊接剂减少一两滴，是不是能够节省成本呢？于是，经过一番研究，他终于研制出"37滴型"焊接机。但是，利用这种机器焊接出来的石油罐，偶尔会漏油，并不实用。他并不灰心，又研制出

"38滴型"焊接机。这次的发明非常完美，公司对他的评价很高。不久公司便生产出这种机器，改用新的焊接方式。

虽然节省的只是一滴焊接剂，但这"一滴"积少成多，能替公司每年带来5亿美元的新利润。这名青年就是后来的石油大王——洛克菲勒。

【心灵悟语】

"改良焊接剂"改变了洛克菲勒的人生。他成功的关键就在于普通人工作时往往会忽略的平凡小事，他却特别注意。有时，看似无关紧要的小事却往往关系到一件事情的成败，关系到个人的前途和命运。

其实，人生是由许许多多微不足道的小事组成的，但我们不能因此而对小事敷衍应付或轻视懈怠。成功者与失败者都做着同样简单的小事，唯一的区别就是，成功者从不认为他们所做的事是简单的小事。所以说，小事成就大事，细节成就完美。

成功就是从细节开始的

魔鬼存在于细节之中。

——密斯·凡·德罗

王永庆小时候家里很穷，所以无法完成学业，只好辍学去别人的米行里做伙计。他做伙计期间，非常细心地琢磨消费人群的心理，一边留心观察来来往往的各色人等，一边积累资金。

16岁那年，王永庆在老家嘉义开了一家米店。当时，小小的嘉义已有30家米店，竞争相当激烈。当时仅有200元资金的王永庆，只能在一条偏僻的巷子里租一个很小的铺面。他的米店地段偏僻，开得晚，规模小，没有任何优势。刚开张的时候，生意冷冷清清，门可罗雀。

王永庆就背着米袋，一家一家地上门推销，但效果并不好。王永庆感觉到，要想立足米市场，自己必须有一些别人没有的优势。仔细思量以后，王永庆决定在米的质量和服务上下功夫。

20世纪30年代的台湾，农村还非常落后，做饭的时候，都要淘米，很不方便。但这是长期遗留的习惯，买卖双方都见怪不怪。

王永庆经过长期的观察在这里找到了突破口。他带领弟弟一起动手，不辞辛苦，不怕麻烦，一点点地将米里的秕糠、沙石之类的杂物挑出来，再出售。

这样，王永庆店里米的质量就比别人的高一个档次，深受顾客的喜爱，生意也就一天天好起来了。同时，王永庆在服务质量上也更进了一步。当时，客户都是自己来买米，自己扛回去。这对年轻人来说，也许并没什么，但对老年人来说，就有些不方便了。王永庆注意到了这一点，便主动送货上门。这就大大方便了顾客，尤其是一些行动不便的老年人。这为米店树立了非常好的形象。

王永庆送货上门并不是简单地一放了事。他送货时，还要将米倒到米缸里。如果缸里有米，他就将旧米倒出来，擦干净米缸，然后将新米倒进去，把旧米放在上层。这样，米就不至于因存放时间过长而变质。这一精细的服务，赢得了许多顾客的好评，使回头客一天天变多了。

不光如此，王永庆每次送货上门后，还要用本子记下这家的米缸有多大，有多少人吃饭，多少大人，多少小孩，每人的饭量如何，等等。他根据记录的情况估计顾客会什么时候要米。等时候一到，不用顾客上门，他就将相应数量的米送上门去。

在送米的过程中，王永庆发现，当地的居民大多数都靠打工为生，经济条件不富裕，许多家庭还未到发薪的时候，就已经没钱花了。由于王永庆是主动送货上门的，货到要收款，有的顾客手头紧张，一时拿不出钱来，会弄得大家都很尴尬。于是，王永庆采取"按时送米、定时收钱"的办法，先送米上门，等他们发工资后，再约定时间上门收钱。这样极大地方便了一些经济条件较差的顾客，同时在社会上树立了良好形象。

很快，王永庆米行的生意就遍布了整个嘉义城。经过一年多的资金和客户积累，王永庆觉得时机成熟了，就自己办了一个碾米厂，并把它设在最繁华的地段。从此，王永庆开始了向台湾首富目标迈进的征程。

事业发展壮大后，王永庆的主要工作也转向了对庞大企业的管理上，在这方面，他同样注重每一个细节。他的下属也深深为王永庆能够精通每一个细节所折服。当然也有不少人批评他"只见树木，不见森林"，劝他学一学美国的管理，抛开细节，只要掌控大局即可。针对这些疑问和质疑，王永庆却坚定地回答："我不仅要负责大的政策，而且还要注意细枝末节、常人不太关注的细节管理。我们如果对这些细枝末节进行研究，就会掌握很多不为人知的特别之处，研究出特别的管理模式和方法。能够将两个人操作的工作量减为一个人，生产力会因此提高一倍；如果一个人能兼顾两台机器，这样生产力就提高了4倍。"

【心灵悟语】

细节决定高度，细节决定成败。那些看似不起眼的小环节，是最需要我们细心去做的。一个人能力的大小、素质的高低，总能体现在无处不在的细节中。

现在的竞争，就是细节的竞争。一个人要成大事，就必须是有细节意识，从简单的事情做起，从细微之处入手，不放过每个细节。

培养优点小贴士：如何做一个注重细节的人

1.从思想上重视

不注重细节的人，在日常生活中往往对其他注重细节的人和事也不会正确对待，比如，他们会给精打细算的人冠以"斤斤计较、小家子气"的称谓，对善意的提醒会恶言相加，这都是主观上未对细节重视的行为体现。只有在思想上对细节足够重视了，我们才能严格要求自己。因此，我们首先要改变旧观念，形成细节决定成败的观念。

2.从细微处入手

不论什么事，实际上都是由一些细节组成的。细节使每一个环节都能真正做到了环环相扣、疏而不漏。我们要把细节当作一件大事来做，花大力气做，把事做细、做透、做全面，才能把事情做好。生活的一切原来都是由细节构成的，细节看似偶然，实则孕育着必然，中国有句名言："细微之处见精神。"要想不出现失误，就必须从最细微之处入手。

3.重在坚持

细节是一种思维与行动意识的高效组合。谁都想做好每件事，但有的人就是做不好，一件事不是这里出错就是那里出错。不能说他们不努力，但问题就是发生了，原因就是没有注重细节：一段时间做到了认真执着，一段时间又懒散松懈，做事有头无尾，总是半途而废，这样就无法真正养成注重细节的好习惯。

第六章　处世优点：
好人缘是如何炼成的

每个人都有被别人尊重的需求

尊重别人的隐私

尊重生命、尊重他人，是生命进程中的伴随物，也是心理健康的一个条件。

——弗洛姆

王丽是某商场服装柜台的售货员，平时除了向顾客推销衣服之外，她最喜欢的事情就是打听别人的隐私。

有一次，隔壁柜台的小孙无意间向王丽透露了对面卖鞋柜台的娜娜是个未婚妈妈，而且孩子的爸爸不知道到哪里去了。从此，王丽有事没事就跑到娜娜那里去聊天，"很关心"地问孩子的近况。

刚开始，娜娜对王丽的关心还挺感谢，毕竟关心她的人不多。渐渐地，娜娜发现王丽越问越多，不仅问她是怎么跟孩子的爸爸认识的，还问她为什么孩子的爸爸不见了，究竟是什么原因。娜娜认为这是非常隐私的事情，就没有跟王丽说。王丽问了几次都无果之后，心生不满，就把娜娜的事情告诉了其他几个人。

娜娜怕自己的事情传得沸沸扬扬，赶紧把王丽叫过来，让她不要再多说了。王丽对娜娜说："其实我也是关心你，不让我说也行，那你告诉我孩子

如何让孩子更出色
——孩子要养成的 7 种优点

的爸爸究竟为什么抛弃你们娘俩？"无奈的娜娜只能吞吞吐吐地说出一些内情，还别说，王丽还真的没有再出去宣扬娜娜的事情。但没过多久，王丽又开始问："那孩子的爸爸现在在干什么？你们还有联络吗？"娜娜见王丽越问越多，索性就不理她了，岂料王丽把这件事情弄得沸沸扬扬。

气愤不已的娜娜在后悔之余，只能辞职离开这个是非之地。

【心灵悟语】

　　每个人都是独立的个体，有他自己的思想和见解，也有权保留自己的秘密和隐私。尊重别人的隐私是对人最起码的尊重，这也体现了我们自己的道德修养。

　　其实，任何人都有隐私，都有其不想告人的秘密，所以在与人谈话时如发现对方有哪些信息不想透露，就不要再三追问，以免引起别人的反感。

　　两人不论多么亲密，都应彼此保留一块心理空间。人们总以为亲密的人之间似乎不应当有什么隐私可言。其实越是亲密的人越是要尊重彼此的隐私。这种尊重表现为不随便打听、追问他人的内心秘密，也不随便向别人吐露自己的隐私。

卓别林的逸事

尊重别人，才能让人尊敬。

——笛卡尔

在一次巡回表演的过程中，卓别林通过朋友的介绍，认识了一个对他仰慕已久的观众。卓别林和对方很谈得来，很快就成了关系不错的朋友。

在表演结束之后，这个新朋友请卓别林到家里做客。在用餐前，这个身为棒球迷的朋友带着卓别林观看了自己收藏的各种和棒球有关的收藏品，并且和卓别林兴致勃勃地谈起了心爱的棒球比赛。

朋友对棒球爱到了痴迷的境界，一旦打开话匣子之后就收不住了，滔滔不绝地和卓别林谈起了棒球运动。从对方谈起棒球，卓别林的话就少了很多，大多数的时候都是朋友在讲，他则微笑注视着对方并认真地听着。

朋友说到高兴的地方，两只手兴奋异常地比画了起来，他说起自己亲自体验过的一场精彩比赛时，仿佛已经置身于万人瞩目、激动人心的棒球场上了，完全沉浸在了对那场比赛的回味之中。卓别林仍旧微笑着看着对方，偶尔插上几句，让朋友更详细地介绍当时的场景。朋友越说越兴奋，只是对一直没能得到那场比赛中的明星人物的签名有些沮丧。不过，这种沮丧的情绪很快就被他对那场比赛的兴奋冲淡了。

那天中午，沉浸在兴奋之中的朋友说得兴起，差点把午饭都忘记了，直到他夫人嗔怪着让他快点带客人来吃饭的时候，他才不好意思地笑着拉起卓别林来到了餐桌前。那天的午餐，大家的兴致都非常高，尤其是卓别林和这位新认识不久的朋友，彼此之间相谈甚欢。

在当地的演出结束之后，这位新朋友非常舍不得卓别林，一直将他送出了很远，才恋恋不舍地道别。

不久之后，这次巡回演出也告一段落。回到家里，卓别林通过各种关系费尽周折找到了朋友说起的那些棒球明星，请他们在一个棒球帽上签了名之后，卓别林亲自把这个棒球帽寄给了远方那个对棒球极度痴迷的朋友。

卓别林的举动让他身边的人非常不解，因为大家都知道，喜欢安静的卓别林对棒球从来就没什么兴趣，他们简直就无法想象一个对棒球丝毫不感兴趣的人只是为了朋友的一句话，就费了这么多的精力去要一个签名。尤其是当大家知道了对棒球一无所知的卓别林居然和朋友聊了大半天的棒球比赛，大家更加想不明白了——要知道，在那么长的时间里听朋友讲一件自己完全不感兴趣的事情，那种滋味儿可是非常难受的。

如何让孩子更出色
——孩子要养成的 7 种优点

卓别林倒是很洒脱，他告诉身边的人："我是对棒球不感兴趣，可我的朋友对棒球感兴趣，只有尊重他人所尊重的事物，别人才能感受到自己被理解、被尊敬，这是一切友谊的基础。"

后来，当朋友听说了卓别林这段话之后，拿着他送来的棒球帽，感慨良久。两个人的友谊整整延续了一生。很多年之后，已经白发苍苍的朋友说起这段往事仍旧慨叹不已："我今生能够成为卓别林的朋友，是我最大的荣幸。是他让我明白了什么叫作真正的尊重和真正的友谊。他的人格光芒，照亮了我的一生。"

【心灵悟语】

任何人都有自尊和被人尊重的需要。如果你不能满足他人的这种最基本、最简单的需要，那么他人肯定不愿意与你相处。

只有尊重他人，善于倾听对方的意见和想法，你才可能走进对方的心灵，才可能与对方进行愉快的沟通，才能营造良好的人际交往氛围。相反，如果视他人的建议而不顾，我行我素、挑剔他人的不是，甚至在众人面前指责他人，则会让人讨厌，使自己陷入孤立的境地。一句古语说得好："君子敬而无失，与人恭而有礼。"只有尊敬别人才能换来别人对自己的尊敬，只有互相尊敬才能互相受益。

富翁与乞丐

不尊重别人的人，别人也不会尊重他。

——席勒

有位富翁十分有钱，但却得不到别人的尊重，他为此苦恼不已，每日寻思如何才能得到众人的尊敬。

某天在街上散步时，他看到街边一个衣衫褴褛的乞丐，心想机会来了，便在乞丐的破碗中丢下一枚亮晶晶的金币。

谁知乞丐头也不抬地继续忙着捉虱子，富翁不由生气："你眼睛瞎了？没看到我给你的是金币吗？"

乞丐仍是不看他一眼，答道："给不给是你的事，不高兴可以要回去。"

富翁大怒，意气用事起来，又丢了10个金币在乞丐的碗中，心想他这次一定会趴着向自己道谢。却不料乞丐仍是不理不睬。

富翁几乎要跳起来了："我给你10个金币，你看清楚，我是有钱人！好歹你也尊重我一下，道个谢你都不会？"

乞丐懒洋洋地回答："有钱是你的事，尊不尊重你则是我的事，这是强求不来的。"

富翁急了："那么，我将我的财产的一半送给你，能不能请你尊重我呢？"

乞丐瞅了他一眼："给我一半财产，那我不是和你一样有钱了吗？为什么我要尊重你？"

富翁更急了，说道："好，我将所有的财产都给你，这下你可愿意尊重我了？"

乞丐大笑："你将财产都给我，那你就成了乞丐，而我成了富翁，我凭什么尊重你？"

【心灵悟语】

有时，我们都希望赢得别人的尊重，却往往忽视了尊重别人。"己所不欲，勿施于人"是尊重他人的基本原则。心理学研究表明，人都有友爱和受尊敬的欲望，并且交友和受尊重的欲望都非常强烈。人们渴望自立，渴望平等地同他人进行沟通。如果你能以平等的姿态与人沟通，

如何让孩子更出色
——孩子要养成的 7 种优点

对方会觉得受到尊重，而对你产生好感；相反，如果你自觉高人一等、居高临下、盛气凌人地与人沟通，对方会感到自尊受到了伤害而拒绝与你交往。

平等待人

要尊重每一个人，不论他是何等卑微与可笑。要记住活在每个人身上的是你和我相同的性灵。

——叔本华

苏联十月革命胜利后，英国著名作家萧伯纳前往苏联考察。一天，他在大街上同一个可爱的苏联小女孩玩了半天，很开心。分别时，萧伯纳觉得应告诉孩子自己是谁，于是问孩子："小姑娘，你知道今天同你玩的是谁吗？"小姑娘答："不知道。"萧说："告诉你小姑娘，回家也告诉你妈妈，今天同你玩的是英国著名作家萧伯纳！"

小姑娘闻之不悦，回敬说："你回家也告诉你妈妈，今天同你玩的是苏联小姑娘玛沙。"听了小姑娘的话，萧伯纳为之一震，他感慨地说："一个人无论他有多大的成就，他在人格上和任何人都是平等的。"

孩子单纯幼稚，不识名人，头脑中没有世俗的等级观念，在与成人交往时，幼小纯洁的心灵同样渴望一份平等。萧伯纳为自己不经意间流露出的以名人自居的不平等态度而深感内疚。为此，他回国后专门写了一篇文章反省自己，并提醒世人与他人交往时一定要相互尊重、平等待人。

【心灵悟语】

平等是人际交往的前提和基石。人与人都是平等的。从平等的角度看待别人、对待别人是人与人之间沟通的一大智慧。

平等主要指交往双方态度上的平等，我们每个人都有自己独立的人格、做人的尊严，人与人之间的关系是平等的关系。

平等待人是一项基本美德。在交往过程中，每个人的地位都是平等的。我们要正确评价自己，不要光看自己的优点而盛气凌人，也不要只见自身弱点而盲目自卑。

培养优点小贴士：如何尊重他人

1.和他人说话时要有礼貌

他人在讲话时，切不可表现出不耐烦和不理睬，不要让人感到不被尊重。和他人交谈时，要望着对方的眼睛说话，而且他人说话时不要随意插话，这是一种礼貌，也是一种真诚的表现，如果对方是你的师长或者其他长辈，这一点就显得更加重要了。

2.切忌打听他人秘密

每个人都有他不愿公开的秘密，我们应对他人的隐私给予尊重。朋友之间虽然应该坦诚相待，但我们也要学会尊重他人的隐私。侵犯他人隐私不仅是不道德的，甚至是违法的。过分"关心"他人的隐私，很可能会让你失去朋友，所以切记要尊重别人的隐私。

3.要给人留面子

所谓面子，就是自尊心。每个人都有自尊心，失去自尊心对一个人来说，是件非常痛苦的事。伤害别人的自尊是严重的失礼行为。维护自尊，希望得到他人的尊重，是每个人的基本需要。

4.允许他人表达思想，表现自己

当别人和自己的意见不同时，不要把自己的意见强加给对方。当你和与自己性格不同的人交往时，也应尊重对方的人格和自由。记住：尊重他人才能赢得他人的尊重。

5.学会欣赏他人

善于欣赏、接纳他人，不做有损他人人格的事，由衷地欣赏和赞美别人的优点、长处，允许别人有超越自己的地方，对别人与自己不同的地方，不排斥，不藐视。欣赏是一种积极向上的人生态度。学会了欣赏他人的长处，我们就学会了尊重。

6.要给别人以理解和宽容

尊重别人要从点滴小事做起，提高个人修养，处处为别人着想，彼此理解，彼此宽容。我们要学会换位思考，与人为善，做到"己欲立而立人，己欲达而达人"。

7.绝不能为了抬高自己而贬损他人

有些人喜欢炫耀，为了表现自己的优秀总是把自己的得意事挂在嘴边，为了表现自己高人一等还喜欢找一个不如自己的"参照物"，在贬低他人的同时抬高自己。这样做，很可能会伤害到另一个人，也容易引起他人的反感，周围的人也会逐渐地远离你。所以，最好还是控制一下自己的表现欲，尤其不要伤害到别人。

善于沟通，才能拥有好人缘

学会赞美别人

赞美是照在人心灵上的阳光。没有阳光，我们就不能成长。

第六章 处世优点：好人缘是如何炼成的

——莎士比亚

比恩·崔西是美国的一位图书推销高手，他曾经说："我能让任何人买我的图书。"他推销图书的秘诀只有一条：善于赞美顾客。一次，他去推销自己的书，遇到了一位非常有气质的女士。这个时候，比恩·崔西刚刚学会运用赞美这个法宝。当这位女士听了推销员的赞美时，脸一下子就阴了下来："我知道你们这些推销员很会奉承人，专挑好听的说，不过，我是不会听你的鬼话的。你还是节省点时间吧。"但是比恩·崔西却微笑着对她说："是的，您说得很对，推销员是专挑那些好听的话来讲，甚至会说得别人昏头昏脑，像您这样的顾客我还是很少遇到，特别有自己的主见，从来不会受到别人的影响。"这时，细心的崔西发现，这位女士的脸已由阴转晴了。并且她问了崔西很多的问题，崔西一一真诚地做了回答。最后，崔西开始高声赞美道："您的形象反映了您高贵的个性，您的语言反映了您敏锐的头脑，而您的冷静衬托出了您的气质。"女士听了崔西的一番言论后，高兴地笑了起来，很爽快地买了一套书籍。后来，她又在崔西那里购买了上百套书籍。随着推销图书经验的日渐丰富，比恩·崔西总结了一条人性定律：没有人不爱被他人赞美，只有不会赞美别人的人。

一天，比恩·崔西到某家公司推销图书，办公室里的员工选了很多书，正要准备付钱时，忽然进来一个人，大声道："这些跟垃圾似的书到处都有，要它干什么？"崔西正准备向他露一个笑脸，那人边说边走了过来："你别给我推销，我肯定不会要，我保证不会要。""您说的是对的，您为什么要这些没用的书呢？您一定是一位知识渊博的人，很有文化素养，很有气质，要是您有弟弟或者妹妹，他们一定会以您为荣，一定会很尊重您的。"崔西微笑着，不紧不慢地说。"你怎么知道我有弟弟妹妹？"那位先生有点感兴趣地问道。崔西回答："第一眼看到您，就觉得您有大哥的风范，我就想，能有你这样的哥哥的人，一定是上帝非常眷顾的人。"结果，

如何让孩子更出色
——孩子要养成的 7 种优点

那个人就以大哥教导自己弟弟的语气对他说话，两个人聊了很长时间。最后，那位先生以支持崔西这位兄弟工作为由，为他自己的亲弟弟选购了5套书。崔西在当天的日记中写道："其实，我心里很明白，顾客只要能够跟我聊上3分钟，他不买我的图书，那是不可能的。因为，无论做人还是做事，要改变一个人，最有效的方式就是：传递信心，转移情绪。"同时，他也写下了一条人性定律："人是感性左右理性的动物。若一个人的感性被真正调动了，那么，他想拒绝你比接受你还要难。而要想迅速控制一个人的感性思维，最有效和最快捷的方法就是对其进行恰如其分的赞美。"

【心灵悟语】

赞美别人是一种沟通，同时也是对他人的认同，容易引起彼此的共鸣。真诚的赞美往往会迅速缩短人与人之间的心理距离，从而达成有效沟通的目的。说一句简单的赞美话，不是一件很难的事情，只要你愿意并留心观察，处处都有值得赞美的地方，适时说出来，会产生意想不到的效果。在生活中，如果你乐意而且懂得衷心地赞美他人，那么你就能够更好地激励周围的人，你的谈话也就能够达到预期的效果。

幽默的回答

幽默是一种优美的、健康的沟通方式。愿你让自己幽默起来！

——列宁

穆哈米曾经主持过一档晚会，这次晚会的主角没有多少人，只有穆哈米和几个文艺界的名流，他们要站在舞台上提问问题并回答问题，虽然看起来简单，但是他们的表现却博得了满堂彩。

当时，舞台上有一位文艺界德高望重的老人，他叫雷利，此人两鬓已然斑白，拄着拐杖，蹒跚地走上了台。

　　穆哈米看到他如此，就非常担心他的身体："老先生，你是不是每天都要去看医生？"

　　雷利回答说："是的，要经常去看。"

　　穆哈米问道："为什么要经常去看医生？"

　　雷利不紧不慢地回答说："因为只有我经常去看医生，医生才能依靠我的诊费活下去。"雷利话音未落，台下的观众就为他的机智幽默鼓起掌来。

　　这时，穆哈米又问："你常去药店买药吗？"

　　雷利回答说："当然，我要常去的，只有这样，药店老板才能继续生活下去。"台下再次响起了阵阵掌声。

　　穆哈米问："那你应该经常吃药吧？"

　　雷利看着穆哈米说："不，我会把买来的药扔掉，因为，我也要生活下去。"

　　穆哈米转移话题，继续问道："嫂子最近怎么样？她还好吗？"

　　雷利故作惊讶，回答说："啊，还是那一个，我没换。"

【心灵悟语】

　　幽默是一种灵活机智的交流态度，是一种洒脱豁达的处世风格，也是应用在与人交往中的一门复杂艺术。幽默的话语可以在心与心之间搭起一座沟通的桥梁，消除人与人之间的距离感和陌生感。社会交际中，将幽默感这种神奇的力量注入自己的语言里，能使自己更富有人情味，更容易与人沟通。

　　幽默并不是成人的专利，孩子也有幽默的禀赋。孩子的幽默性格一旦形成，对其一生都将产生重要的影响。具有幽默感的孩子大多开朗活泼，往往更讨老师的喜欢，人际关系也比不具幽默感的孩子好得多。幽默还能帮助孩子更好地应对生活和学习中的压力和痛苦，因而幽默的孩

如何让孩子更出色
——孩子要养成的 7 种优点

子往往比较活泼、聪明，能轻松地完成学业，甚至拥有一个积极向上的人生。既然幽默对我们有这么多好处，那么从现在开始，我们也要做一个幽默的孩子。

沟通从微笑开始

人类确有一件有效武器，那就是笑。

——马克·吐温

飞机起飞前，一位乘客请求空姐给他倒一杯水吃药。空姐很有礼貌地说："先生，为了您的安全，请稍等片刻，等飞机进入平稳飞行后，我会立刻把水给您送过来。好吗？"

15分钟后，飞机早已进入了平稳飞行状态。突然，乘客服务铃急促地响了起来，空姐猛然意识到：糟了，由于太忙，忘记给那位乘客倒水了！空姐连忙来到客舱，小心翼翼地把水送到那位乘客跟前，面带微笑地说："先生，实在是对不起，由于我的疏忽，延误了您吃药的时间，我感到非常抱歉。"这位乘客抬起左手，指着手表说道："怎么回事？有你这样服务的吗？你看看，都过了多久了？"空姐手里端着水，心里感到很委屈。但是，无论她怎么解释，这位挑剔的乘客都不肯原谅她的疏忽。

接下来的飞行途中，为了补偿自己的过失，空姐每次去客舱给乘客服务时，都会特意走到那位乘客面前，面带微笑地询问他是否需要水，或者别的什么帮助。然而，那位乘客余怒未消，摆出一副不合作的样子，并不理会空姐。

临到目的地前，那位乘客要求空姐把留言本给他送过去。很显然，他要投诉这名空姐。此时，空姐心里虽然很委屈，但是仍然不失职业道德，显得非常有礼貌，而且面带微笑地说道："先生，请允许我再次向您表示真诚的歉意，无论你提出什么意见，我都将欣然接受您的批评！"那位乘客脸色一紧，嘴巴准备说什么，可是却没有开口。他接过留言本，在上面写了起来。

飞机安全降落。所有的乘客陆续离开后，空姐打开留言本，惊奇地发现，那位乘客在本子上写下的并不是投诉信，而是一封热情洋溢的表扬信。

是什么使得这位挑剔的乘客最终放弃了投诉呢？在信中，空姐读到这样一句话："在整个过程中，你表现出的真诚的歉意，特别是你的12次微笑，深深打动了我，使我最终决定将投诉信写成表扬信！你的服务质量很高。下次如果有机会，我还将乘坐你们这趟航班！"

【心灵悟语】

看，这就是微笑的魅力。微笑是一种武器，是一种寻求和解的武器。微笑能将怒气挡在对方体内，阻止对方的进攻。微笑是一缕春风，能化开久冻的坚冰；微笑是一滴甘露，能滋润久旱的心田；微笑是人们脸上高尚的表情，温馨而怡人。生活中，只要你不吝惜微笑，往往就能够左右逢源、顺心如意。微笑表现着自己友善、谦恭、渴望友谊的美好的感情因素，微笑也是向他人发射出的理解、宽容、信任的信号。

微笑是世界上最美的表情，是最动听的无声语言，是社交中最有力的武器。要想在社交中成为主角，就必须牢牢地把握住最有力的武器——微笑。无论你在什么地方，无论你在做什么，在人与人之间，简单的一个微笑是一种最为普及的语言，它能够消除人与人之间的隔阂。人与人之间的最短距离是一个可以分享的微笑，即使是你一个人微笑，也可以拉近彼此的距离。

如何让孩子更出色
——孩子要养成的 7 种优点

学会倾听

做个听众往往比做一个演讲者更重要。专心听他人讲话，是我们给予他人的最大的尊重。

——卡耐基

基德是威廉见到的最受欢迎的人士之一。他总能受到邀请参加一些私人聚会。

一天晚上，威廉碰巧到一个朋友家参加一次小型社交活动。他发现基德和一位漂亮女孩坐在一个角落里。出于好奇，威廉远远地注意了他们一段时间。威廉发现那位年轻女士一直在说，而基德好像一句话也没说。他只是有时笑一笑，点一点头，仅此而已。几小时后，他们起身，谢过男女主人，走了。

第二天，威廉见到基德时禁不住问道：

"昨天晚上我看见你和最迷人的女孩在一起。她好像完全被你吸引住了。你是怎么吸引住她的注意力的？"

"很简单。"基德说，"有个朋友把她介绍给我认识后，我只对她说了一句：'你的皮肤真漂亮，在冬季也这么漂亮吗？是怎么做到的？你去哪晒的？阿卡普尔科还是夏威夷？'"

"'夏威夷。'她说，'夏威夷永远都风景如画。'

"'你能把这一切都告诉我吗？'我说。

"'当然。'她回答。我们就找了个安静的角落，接下去的两个小时她一直在谈夏威夷。

"今天早晨，那个女孩打电话给我，说她很喜欢我陪她。她说很想再见到我，因为我是最有意思的谈话伙伴。但说实话，我整个晚上没说几句话。"

看出基德受欢迎的秘诀了吗？很简单，基德只是让那个女孩谈自己。他对每个人都这样——对他人说："请告诉我这一切。"这足以让一般人激动好几个小时。人们喜欢基德就因为他善于倾听。

【心灵悟语】

倾听是人际交往中一个很重要的制胜法宝。一个在人群中滔滔不绝的人或许很容易得到大家的尊敬和钦佩，可是一个懂得倾听并善于鼓励别人的人，更容易得到他人的好感和信任。

人们都喜欢善于倾听的人。人们被倾听的需要，远远大于倾听别人的需要。倾听是心与心的交流。只有善于倾听，我们才会赢得很多的朋友。许多人之所以不能给人留下良好的印象，正是因为他们不能耐心地做一个很好的听众。所以，要想让别人喜欢你，你首先就要做个好听众。

培养优点小贴士：如何拥有良好的沟通能力

1.敢于开口

在跟别人沟通交流时不要畏首畏尾，连跟人沟通的勇气都没有，这样的人沟通能力肯定好不到哪里去。所以，我们要大胆地讲出自己的内心感受、想法和期望。

2.悉心倾听

善于聆听是良好沟通必不可少的。倾听时，不要打断对方，眼睛不躲闪，全神贯注地用心来听，同时还要在适当的时候给予回应，这样才能给对方说下去的信心，让对方说得更加顺利、舒畅。

3.态度真诚

与人沟通时的态度很重要。交流便是交心，你跟别人交流的时候一定要真诚。这样别人才会更想跟你交流。有什么兴趣、爱好才更愿意跟你分享。

4.多学习

在跟别人沟通的时候，经常有人会觉得没什么可说的，这就说明你不够博学，懂的东西太少，这时候你要做的就是多读书、看报或是培养一些兴趣，这样跟别人交流的时候就可以找到更多的话题，交流起来也会更顺畅。

5.不要带着情绪与人沟通

当某些事情影响到我们的心情时，此时不宜与人交流，即使无法推脱，也要以倾听为主，因为人们受坏情绪影响的时候，很容易在语言中带有情绪，进而影响到正常交谈。

礼貌是促进人际交往的"润滑剂"

讲文明懂礼貌

礼貌是最容易做到的事，也是最珍贵的东西。

——冈察尔

有一个小伙子从城里到乡下办事，在途中迷了路，正不知如何是好的时候，看见前面走来一位老大爷。小伙子由于心急，脱口喊道："喂，离王村还有多远？"老大爷一看这个穿着时尚的小伙子说话一点礼貌都没有，也就没好气地回答说："还有5拐杖！" 小伙子心想，人家都急死了，你还有心思开别人的玩笑，又说："哎呀，路是论里的，怎么论拐杖呢？""'论里'？论理你该叫我声'大爷'！" 小伙子这时才意识到自己由于心急而忘了礼貌，赶紧给老大爷赔不是，并正确称呼了老大爷。这位老大爷也就很详细地给小伙子指了去王村的路，小伙子，连声"谢谢"。终于到达了目的地。

【心灵悟语】

礼貌是社会交往中的行为规范，也是人们个人修养的显现。如果缺少了礼貌，一个人就会被别人视为缺乏教养的人。"有礼走遍天下，无礼寸步难行"。从这个意义上讲，没有礼貌的人是举步维艰的。

文明礼貌是做人的"身份证"，是我们随身携带的"教养名片"。一个有教养的人必然有良好的文明礼仪，这样的人比较受人欢迎，也就是心理学上所说的"被众人接纳的程度高"。礼貌要从小培养。只要我们从思想上认识到这个问题的重要性，并在生活中不断改正自己的坏习惯，就一定能够成为讲文明、懂礼貌的人。

学会说"谢谢"

礼貌是人类共处的金钥匙。

——松苏内吉

某高校的一批应届毕业生，被导师带到北京某实验室里参观实习。他们坐在会议室里，等待实验室王科长的到来。这时，有位实验室的服务人员来给大家倒水，同学们表情漠然地看着她忙活，其中一个还问："有矿泉水

如何让孩子更出色

——孩子要养成的 7 种优点

吗？天太热了。"

服务人员回答说："真抱歉，刚刚用完。"

学生们顿时怨声一片。

当服务人员给一个叫潘杰的学生倒水时，潘杰轻声地说："谢谢，大热天的，辛苦了。"

这个服务人员抬头看了他一眼，满含着惊奇，因为这是她当时听到的唯一的一句感谢话。

这时候，王科长走进来和大家打招呼。可能大家已经等得不耐烦了，竟没有一个人回应，王科长也有点尴尬。潘杰左右看了看，犹犹豫豫地鼓了几下掌，同学们这才稀稀落落地跟着拍起手来，由于掌声不齐，显得有些零乱。

王科长挥了挥手说："欢迎同学们到这里来参观。平时这些事一般都是由办公室负责接待，因为我和你们的导师是老同学，非常要好，所以这次我亲自来给大家讲一些有关的情况。我看同学们好像都没有带笔记本。这样吧，秘书，请你去拿一些我们实验室印的纪念手册，送给同学们做个纪念。"

接下来，更尴尬的事情发生了：大家都坐在那里，一个个很随意地用一只手接过王科长双手递过来的纪念手册。

王科长的脸色越来越难看，走到潘杰面前时，已经快要没有耐心了。

就在这时，潘杰礼貌地站起来，身体微倾，双手接过纪念手册，恭恭敬敬地说了一声："谢谢您！"

王科长闻听此言，不觉眼前一亮，用手拍了拍潘杰的肩膀："你叫什么名字？"

潘杰很礼貌地回答了自己的姓名，王科长点头微笑回到自己的座位上。

早已汗颜的导师看到此情景，才微微松了一口气。

两个月后，在毕业生的去向表上，潘杰的去向栏里赫然写着这个实验室的名字。有几位颇感不满的同学找到导师问："潘杰的学习成绩最多算是中等，凭什么选他而没选我们？"

导师看了看这几张因为年轻而趾高气扬的脸，笑道："潘杰是人家实验室点名来要的。其实，你们的机会不仅是完全一样的，而且你们的成绩还比潘杰好，但是除了学习之外，你们需要学的东西还有很多，礼貌便是重要的一课。"

【心灵悟语】

成功看似偶然，却隐藏着必然。一声"谢谢"，虽然微不足道，却体现了一个人的素养，甚至能够在关键时刻改变人的命运。在接受别人帮助时，道一声感谢，是对别人文明之举的一种肯定，同时也体现了一个人的教养。

一句谢谢，是对别人所付出劳动的一种肯定，也是对别人所付出劳动的一种鼓励，更是对别人所付出劳动的一种最起码的尊重。仅仅是一声"谢谢"，虽然只是一个简简单单的词语，就足以让内心充满暖意，足以代表你的真诚。"谢谢"是你人生道路上的"润滑剂"，可以减少人际摩擦，滋润人际关系，有助成就事业。所以，对于不管什么人给予自己的哪怕是再微不足道的帮助和关怀，也不要忘记说声"谢谢"。

最后的面试

礼貌是儿童与青年所应养成的第一件大事习惯。

——约翰·洛克

有一家外资企业高薪招聘应届大学毕业生，对学历、外语的要求都很

如何让孩子更出色
——孩子要养成的 7 种优点

高。应聘的大学生过五关斩六将，到了最后一关：总经理面试。一见面，总经理说："很抱歉，年轻人，我有点急事，要出去10分钟，你们能不能等我？"这仅剩的几位大学生们都说："没问题，您去吧，我们等您。"经理走了，大学生们闲着没事，围着经理的大写字台看，只见上面文件一沓，信一沓，资料一沓。都是些什么呢？他们你看这一沓，我看这一沓，看完了还交换：哎哟，这个好看，哎哟，那个好看。

10分钟后，总经理回来了，他说："面试已经结束，你们没有一个被录用。"大学生们个个瞪大了眼睛："这是怎么回事，面试还没开始呢？"总经理说："我不在的这一段时间，你们的表现就是面试的内容。很遗憾，本公司从来不录用那些乱翻别人东西的人。"

这家公司为什么不录用他们呢？真正优秀的学生应该是有良好习惯的学生，而这几位大学生没有养成尊重他人，未经允许不乱翻他人东西的好习惯。

【心灵悟语】

"做人先学礼"，礼仪教育是人生的第一课。古代就有"不学礼，无以立"的说法，就是说从小不学好礼仪，长大之后立身处世就会比较困难。

一个人是否有礼貌，表明这个人是否具有道德修养。一个彬彬有礼、言谈有度的人，在其人生道路上将会受到人们的尊重和赞扬，而且他自己就是一片春光，能给别人、社会带来温暖和欢乐。我们有了礼貌，就有了与人交往的亲和力。有的礼仪形式看似简单，只不过是一个微笑，一声道谢，一种举手之劳，但这不起眼的表现，却可能成为我们立身处世的法宝。

培养优点小贴士：如何做一个讲文明懂礼貌的人

1.态度真诚

礼貌贵在真诚，对他人表示出诚挚的尊重，同时亦是提醒别人尊重自己的巧妙方式。在人与人之间，那不经意做出的、表达一种与私利无关的真诚和善良，才是令人信赖的礼貌。

2.掌握礼貌用语

要掌握基本的礼貌用语，比如"请""您好""谢谢""对不起""不客气"。虽然只有简短的几个字，但是却表达了对他人的尊重、关心、热情、谦让。

3.从小事做起

我们要想树立良好的形象，就必须学会从小事做起，养成良好的举止行为。例如，走路不要左摇右晃，横冲直撞；站立的时候要保持良好的姿态，身体直立，挺胸收腹，切忌无精打采、耸肩、塌腰；与人交谈时要态度诚恳，面带微笑，使用文明用语，说话简洁得体，不能沉默无言，也不能自己喋喋不休，要认真倾听对方讲话，交谈时最忌讳东张西望、翻看其他东西。

团结合作，成功将不再遥不可及

单打独斗难成功

单个的人是软弱无力的，就像漂流的鲁滨孙一样，只有同别人在一起，他才能完成许多事业。

——叔本华

英国科学家做过一个有趣的实验，他们把一盘点燃的蚊香放进一个蚁巢里。蚊香的火光与烟雾使惊恐的蚂蚁乱作一团，但片刻之后，蚁群开始变得镇定起来了，开始有蚂蚁向火光冲去，并向燃烧的蚊香喷出蚁酸。随即，越来越多的蚂蚁冲向火光，喷出蚁酸。一只小小的蚂蚁喷出的蚁酸是有限的，因此，许多冲锋的"勇士"葬身在了火光中。但更多的蚂蚁踏着死去蚂蚁的尸身冲向了火光。过了不到一分钟的时间，蚊香的火被扑灭了。在这场灾难中存活下来的蚂蚁们立即将献身火海的"战友"的尸体转运到附近的空地摆放好，在上面盖上一层薄土，以示安葬和哀悼。

过了一个月，这位科学家又将一支点燃的蜡烛放进了上次实验的那个蚁巢里。面对更大的火情，蚁群并没有慌乱，而是在以自己的方式迅速传递信息之后，开始有条不紊地调兵遣将。大家协同作战，不到一分钟火就被扑灭了，而蚂蚁们几乎无一死亡。科学家对弱小的蚂蚁面临灭顶之灾时所创造出的奇迹惊叹不已。

【心灵悟语】

　　从蚂蚁扑火的现象中，我们可以发现：个人的力量是有限的，而团队的力量则可以实现个人难以达成的目标。

　　团结才有力量。只有与人合作，才能众志成城，战胜一切困难，产生巨大的前进动力。

　　俗话说："一个巴掌拍不响，众人拾柴火焰高。"也就是说，一个人的力量总是有限的，有了大家的帮助，个人才能有更大的发展。在当今劳动分工日益细密的情况下，靠个人的能力成功的机会更少了。合作是成功的基础。获得成功的捷径就是同别人合作。所以，我们一定要养成团结合作的习惯。

多疑的项羽

最大的挑战和突破在于用人，而人最大的突破在于信任别人。

——马云

　　范增是项羽得力的谋士，许多次，刘邦的计谋都被他识破，刘邦要打败项羽，首先想到的就是除掉范增，在陈平的协助下，刘邦导演了一次反间计。当楚汉两军在荥阳相持不下时，项羽为了打击刘邦，便借议和为名，遣使入汉，顺便探察汉军的虚实。陈平听说楚使要来，正中下怀，便和刘邦布好圈套，专等楚使上钩。

　　楚使进入荥阳城后，陈平将楚使导入会馆，留他午宴。两人静坐片刻，一班仆役将美酒佳肴摆好。陈平问道："范亚父（范增）可好？是否带有亚父手书？"楚使一愣，突然明白了是怎么回事，正色道："我是受楚王之命前来议和的，并非受亚父所派遣。"

陈平听了，故意装作十分惊慌的样子，立即掩饰说："刚才说的是戏言，原来是项王使臣！"说完，起身外出，楚使正想用餐，不料一班仆役进来，将满案的美食全部抬出，换上了一桌粗食淡饭，楚使见了，不由怒气上冲，当即拍案而起，不辞而别。

一到楚营，楚使立即去见项羽，将自己的所见所闻添油加醋地告诉了项羽，并特别提醒项王，范增私通汉王，要时刻注意提防。

其实，陈平的反间计并不高明，如果稍微考虑一下，就不难找出其中的破绽，只是项羽寡断多疑，加之性格刚愎自用，自然也就不会想到这些。

项羽听后，怨道："前日我已听到关于他的传闻，今日看来，这老匹夫果然私通刘邦。"项羽当即就想派人将范增捉来问罪，还是左右替范增劝解，项羽这才暂时忍住，但对范增已不再信任。

范增一直对项羽忠心耿耿，他心无二用，对此事一无所知，一心协助项羽打败刘邦。他见项羽为了议和，又放松了攻城，便找到项羽，劝其加紧攻城。项羽不禁怒道："你叫我迅速攻破荥阳，恐怕荥阳未下，我的头颅就要搬家了！"范增见项羽无端发怒，一时摸不着头脑，但他知道项羽生性多疑而刚愎，不知又听到了什么流言，对自己也产生了戒心。

范增想起自己对项羽忠心耿耿，一心助楚灭汉，他不仅不听自己的忠言，反而怀疑自己，十分伤心。他再也忍不住了，便向项羽说道："现在天下事已定，望大王好自为之。臣已年老体迈，望大王赐臣骸骨，归葬故土。"说完，转身走出。项羽也不加挽留，任他自去。

范增悲伤地离开了项羽。在归途中，他想到楚国江山日后定归刘邦，又气又急，不久背上生起一个恶疮，因途中难寻良医，又兼旅途劳累，年岁已长，几天后背疮突然爆裂，范增血流不止疼死在驿舍中。

【心灵悟语】

项羽之所以失去了一个得力的谋士，就是源于不信任。一个不信任别人的人总是会疑神疑鬼，也不会得到别人的信任。合作中失去了信任，取而代之的是猜疑，那么也就不会取得成功。

信任是合作的前提，没有了信任，双方就会产生猜忌，也就不可能有真正的良好的合作。因此，在合作中，我们要相互信任，也就是说，团队中每一个人都要信任自己和周围的人。大家只有都保持开放的心态——坦率地解决问题，乐于分享相关的信息，并信守自己的承诺，才会建立起团队的信任，减少内耗，让团队变得优秀，进而迸发出惊人的巨大力量。

优势互补的团队

人们在一起可以做出单独一个人所不能做出的事业；智慧、双手、力量结合在一起，几乎是万能的。

——韦伯斯特

"二战"时期，美军司令部是一个由艾森豪威尔、巴顿、布莱德雷等人组成的优秀团队，他们性情各异，个性鲜明，但又和谐互补，相互取长补短，从而组成了一支所向披靡的联合舰队。

艾森豪威尔注重大局、运筹帷幄、富有远见，又和蔼可亲，是一位第一流的协调者，但却缺乏具体执行的能力。巴顿性情暴躁、雷厉风行、爱出风头，这种个性非常适合领导作战和进攻部队。他是一个军事天才，随时准备去冒险，他以大胆突进而闻名。他生动活泼的个性能够感染每一位士兵。但他却个性极强，常常凭借自己的意愿办事。如果只是艾森豪威尔与巴顿组合，那么，局势就会因巴顿的个性而失去控制。于是，布莱德雷加入了这个

如何让孩子更出色
——孩子要养成的7种优点

组合。布莱德雷性格沉着稳重、关爱部下、注重小节，虽然在战争中缺少创意，但却能坚决贯彻上级的命令。在诺曼底登陆最初阶段的地面部队指挥权问题提出来的时候，当时的陆军参谋长马歇尔说："巴顿当然是领导这次登陆战役的最理想人选，但是他过于急躁。需要有一个能够对他起制约作用的人来限制他的速度，因为炽烈的热情和旺盛的精力会使他过于追求冒险。他上面总要有一个人管着，这就是我把指挥权交给布莱德雷的原因。"

但如果仅仅是布莱德雷与艾森豪威尔组合，那么，美国军队无疑将死气沉沉、毫无建树。如果只让布莱德雷与巴顿组合呢？那么，美军就将各自为战，谁也不服谁。然而，艾森豪威尔、巴顿、布莱德雷3人组合在一起却彼此克服了对方的缺陷，成为一个成功的组合。巴顿使这个组合富有了创意和生气，布莱德雷使这个组合有了秩序和规则，艾森豪威尔使这个组合具备了长远的目光。所以，一个成功的人并不是一个没有缺点的人，只是他寻找到了一个没有缺点的组合。

【心灵悟语】

世界上各种事物，从不同的角度看，各有所长，又各有其短，唯有互相取长补短，才会相得益彰，各显千秋。同样的道理，一个人要想获得成功，一定要注意与其他人的配合、互补和相互取长补短，达到绝对的默契。

人们常说："没有完美的个人，只有完美的团队。" 我们知道，每个人都有各自的优势，也都有着各自的劣势。正如一个人不可能是一个完美的人，个人的优势也不可能是完美的优势。因而，我们要学会合作，有效地进行互补，以便使优势得到强化，使劣势得到削弱甚至消除，形成优势形象。

218

6名应聘者

若不团结，任何力量都是弱小的。

——拉封丹

一个外企招聘白领职员，吸引了不少人前去应聘。应聘者中有本科生，也有研究生，他们头脑聪明、博学多才，是同龄人中的佼佼者。聪明的董事长知道这些学生有渊博的知识做后盾，书本上的知识是难不倒他们的，于是，公司人事部就策划了一个别开生面的招聘会。

招聘开始了，董事长让前6名应聘者一起进来，然后发了15元钱，让他们去街上吃饭。并且要求，必须保证每个人都要吃到饭，不能有一个人挨饿。

6个人从公司里出来，来到大街拐角处的一家餐厅。他们上前询问就餐情况，服务员告诉他们，虽然这儿米饭、面条的价格不高，但是每份最低也得3元。他们一合计，照这样的价格，6个人一共需要18元，可是现在手里只有15元，无法保证每人一份。于是，他们垂头丧气地出了餐厅。

回到公司，董事长问明情况后摇了摇头，说："真的对不起，你们虽然都很有学问，但是都不适合在这个公司工作。"

其中一人不服气地问道："15元钱怎么能保证6个人全都吃上饭？"

董事长笑了笑说："我已经去过那家餐厅了，如果5个或5个以上的人去吃饭，餐厅就会免费加送一份。而你们是6个人，如果一起去吃的话，可以得到一份免费的午餐，可是你们每个人只想到自己，从没有想到凝聚起来，成为一个团队。这只能说明一个问题，你们都是以自我为中心、没有一点团队合作精神的人。而缺少团队合作精神的公司，又有什么发展前途呢？”

　　听闻此话，6名应聘者顿时哑口无言。

【心灵悟语】

　　合作是人类社会赖以生存和发展的重要因素，在未来社会，只有能与人合作的人，才能获得生存的空间，也只有善于合作的人才能赢得发展。

　　合作是一个团队成功的保证，也是个人成功的前提。团队的力量之所以大于团队成员的个人力量之和，就是因为他们能彼此合作。反之，如果一个团队的成员各顾各的，就像一盘散沙，团队的力量一定会远远小于各成员的力量之和。所以，要想增强一个团队的力量，就必须树立团队合作意识。

培养优点小贴士：培养合作精神的方法和技巧

　　1.建立对彼此的信任

　　合作双方最重要的一点是信任，如果在合作的时候你不相信你的队友，那么你如何保证合作成功呢？你不相信你的队友，你的队友又凭什么相信你呢？所以说当你和一个人合作的时候，要无条件地相信他，然后再进行合作。

　　2.有分享精神

　　在合作中分享很重要，既可以把自己的劳动成果与大家分享，又可以把自己好的学习方法、技巧等与大家分享。既然是一个整体也就不存在什么私有的想法，你的想法也应该属于集体。只有每一个人都有分享精神，这个集体才有它存在的价值和意义。

3.感受合作中的快乐

合作的过程总是令人愉快的，尤其是当参与者都已经尽力而为时，从客观上说大家都会有所收获，不管结果如何，这样的合作都可以算是成功的合作。

4.为他人着想

不要事事都从自己的角度考虑。遇到问题先从别人的角度想一想，看看怎样能让他人更加方便。这样的人在团队当中会很受欢迎，同时也更有亲和力，而亲和力对于团队合作来说是很重要的。

5.欣赏别人

合作的意义在于扬长避短，发挥出各自的长处，而回避各自的短处。你只有从内心深处真正愿意接受别人，欣赏别人的长处，才能使合作有真正的动力和基础。

豁达的风度折射出宽广的胸怀

做人要有大气量

没有宽宏大量的心肠，便算不上真正的英雄。

——普希金

沙皇亚历山大骑马旅行到俄国西部。一天，他来到一家乡镇小客栈，为进一步了解民情，他决定徒步旅行。当他穿着一身没有任何军衔标志的平纹布衣走到一个三岔路口时，他想不起回客栈的路了。

　　亚历山大无意中看见有个军人站在一家旅馆门口，于是他走上去问道："朋友，你能告诉我去客栈的路吗？"

　　那军人叼着一只大烟斗，头一扭，高傲地把身着平纹布衣的旅行者上下打量一番，傲慢地答道："朝右走！"

　　"谢谢！"亚历山大又问道，"请问离客栈还有多远？"

　　"两英里。"那军人生硬地说，并瞥了亚历山大一眼。

　　亚历山大抽身道别，刚走出几步又停住了，回来微笑着说："请原谅，我可以再问你一个问题吗？如果你允许我问的话。请问你的军衔是什么？"

　　军人猛吸了一口烟说："猜嘛。"

　　亚历山大风趣地说："中尉？"

　　那烟鬼的嘴唇动了一下，意思是说不止中尉。

　　"上尉？"

　　烟鬼摆出一副很了不起的样子说："还要高些。"

　　"那么，你是少校？"

　　"是的！"他高傲地回答。

　　于是，亚历山大敬佩地向他敬了个礼。

　　少校转过身来摆出对下级说话时的高贵神气，问道："假如你不介意，请问你是什么官？"

　　亚历山大乐呵呵地回答："你猜！"

　　"中尉？"

　　亚历山大摇头说："不是。"

　　"上尉？"

　　"也不是！"

　　少校走近仔细看了看说："那么你也是少校？"

亚历山大镇静地说："继续猜！"

少校取下烟斗，那副高贵的神气一下子消失了。他用十分尊敬的语气低声说："那么，您是部长或将军？"

"快猜着了。"亚历山大说。

"殿……殿下是陆军元帅吗？"少校结结巴巴地问

亚历山大说："我的少校，再猜一次吧！"

"皇帝陛下！"少校的烟斗从手中一下子掉到了地上，他猛地跪在亚历山大面前，忙不迭地喊道："陛下，饶恕我！陛下，饶恕我！"

"饶恕你什么，朋友？"亚历山大笑着说，"你没伤害我，我向你问路，你告诉了我，我还应该谢谢你呢！"

【心灵悟语】

海纳百川，有容乃大。要想拥有百川的辉煌，首先要拥有容得下百川的心胸和气量。心胸宽则能容，能容则众归，众归则才聚，才聚则事业强。这也验证了"心有多大事业就有多大，胸怀有多宽事业就有多广"这句话。

人生在世，无论你干什么，如果没有气量或缺乏气量，其结果只能是碌碌无为的平庸一生。但凡有大成就者，其成功都与他们的气量息息相关，这是不争的事实，无须赘述。气量，它能使人性情豪迈，让人不会为一些小事去伤脑筋，不会为一时的挫折而心灰意懒，不会无中生有地去猜忌别人。气量，它能使人宽厚仁慈，会让你换位思考问题，包容他人的缺点，对人对事抱着一颗真诚仁慈的心。总之一句话，只要有足够的气量，你就会获得成功。

如何让孩子更出色
——孩子要养成的 7 种优点

法正禅师

人的心只有拳头那么大，可是一个好人的心却可以容得下全世界。

——罗大里

有一位德高望重的老禅师叫法正，每年都有成千上万的人去请他解答疑问，或者拜他为师。这天，寺里来了几十个人，全都是心中充满了仇恨而因此活得痛苦的人。他们跑来请法正禅师替他们想一个办法，消除心中的仇恨。

他们每一个人都跑去向法正禅师诉说自己的痛苦。法正禅师说："我屋里有一堆铁饼，你们把自己所仇恨的人的名字一一写在纸条上，然后一个名字贴在一个铁饼上，最后再将那些铁饼全都背起来！"大家听了禅师这么说，不明所以，但还是都按照法正禅师说的去做了。

于是那些仇恨少的人就背上了几块铁饼，而那些仇恨多的人则背起了十几块铁饼，甚至几十块铁饼。这样一来，那些背着几十块铁饼的人就负担很重，非常难受。没多久，有人就叫起来了："禅师，能让我放下铁饼来歇一歇吗？"法正禅师说："你们感到很难受，是吧？你们背的岂止是铁饼，那是你们的仇恨，你们现在都能放下了？"大家不由得抱怨起来，甚至还有人私下小声说："我们是来请他帮我们消除痛苦的，可他却让我们如此受罪，还说是什么有德的禅师呢，我看也就不过如此！"

还有人高声说道："我看你是在想法子整我们！"

法正禅师虽然人老了，但是却耳聪目明，他听到了，一点儿也不生气，反而微笑着对大家说："我让你们背铁饼，你们就对我仇恨起来了，可见你们的仇恨之心不小呀！你们越是恨我，我就越是要你们背！"

过了一会儿，看大家真的是很累了，于是，法正禅师笑着说："放下铁饼吧。现在，你们感到很轻松，对吧！你们的仇恨就好像那些铁饼一样，你们一直背负着它们，因此就感到自己很难受很痛苦。如果你们像放下铁饼一样放下自己的仇恨，你们也就会如释重负，不再痛苦了！"大家听了不由得相视一笑，各自吐了一口气。法正禅师接着说道："你们背铁饼背了一会儿就感到痛苦，又怎能背负仇恨一辈子呢？现在，你们心中还有仇恨吗？"大家笑着说："没有了！你这办法真好，让我们不敢也不愿再在心里存半点儿仇恨了！"

法正禅师笑着说："仇恨是重负，一个人不肯放弃自己心中的仇恨，不能原谅别人，其实就是自己在仇恨自己，自己跟自己过不去，自己给自己罪受！"听到这里，大家恍然大悟。

【心灵悟语】

宽容的伟大来自于内心，宽容无法强迫，真正的宽容总是真诚的、自然的。用你的体谅、关怀、宽容对待曾经伤害过你的人，使他感受到你的真诚和温暖。宽容所至，能化干戈为玉帛，仇恨的乌云也会被一片祥和之光所驱散，天空澄明而辽阔，蔚蓝如洗。

以恨对恨，恨永远存在；以爱对恨，恨自然就会消失。放下仇恨，原谅别人，就是善待自己，就是释放自己的心灵。你只有真正放下仇恨，才能发现另一番开阔天地。

卢梭的宽容

不肯原谅别人，就是不给自己留余地，因为每一个人都有犯错而需要别人原谅的时候。

——福莱

如何让孩子更出色
——孩子要养成的 7 种优点

    一个22岁的年轻人在订婚大喜那天，他的女朋友却牵着另一位年轻小伙儿的手对他说："对不起，我觉得，我们在一起不会幸福。"正沉浸在幸福中的他呆若木鸡，在亲戚朋友诧异的目光中真想找个地缝钻进去。整个小镇都知道了他的事，年轻人决定逃离这个让他觉得生活在羞辱中的小镇。他发誓将来一定要风风光光地回到家乡，找回自己丢失的尊严。果然，30年后，他已经成为伟大的文学家和思想家了。他的著作《忏悔录》《社会契约论》《爱弥儿》在欧洲引起了巨大的反响，他的名字——卢梭，享誉欧洲。在回到家乡的第二天，有位老朋友问他："你还记得艾丽尔吗？"卢梭笑着说："当然记得，她差一点儿做了我的新娘。""当初她带给你莫大的羞辱，自己也没有好下场，这些年来，一直生活在贫困潦倒之中，靠着亲戚们的救济艰难度日。上帝惩罚了她对你的背叛。"朋友对卢梭说。朋友本以为卢梭听到当初背叛自己的人落个悲惨下场后会感到高兴，然而卢梭却对他说："我很难过，上帝不应该惩罚她。我这里有一些钱，请你转交给她，不要告诉她是我给的，以免她以为我在羞辱她而拒绝。""你真的对艾丽尔没有丝毫的怨恨吗？当初，她可是让你丢尽了脸。"朋友用质疑的语气问。"如果有怨恨，那也是30年以前的事儿，如果这些年我一直对她怀有怨恨，那我自己岂不是在怨恨中生活了30年，那对我有什么好处呢？就像我提着一袋死老鼠去见你，那一路上闻着臭味的岂不是我？"

【心灵悟语】

    错误在所难免，宽恕就是神圣。原谅那些曾经伤害你的人，给自己的生命留下一点空隙，用宽恕化解人与人之间的怨恨和矛盾，能让自己收获一份恬淡、安静的心态。

    宽容，意味着你已经不再用别人的错误来惩罚自己了，也意味着你已经由一个平凡的人升华到了一个不平凡的人。宽容地对待你的对手、仇人，你会感受到退一步海阔天空的喜悦，也能体会到人与人之间化干戈为玉帛的幸福，更会收获对方因自己的宽容而回心转意的欣慰。学会宽容别人，就是学会宽容自己；给别人一个改过的机会，就是给自己一个更广阔的空间！

培养优点小贴士：培养宽容品质的方法和技巧

1.学会忘却

我们不要生活在过去，既然已经发生了，便翻页了，没有必要让自己沉浸在悲伤中。忘记昨日的是非，忘记别人先前对自己的指责和谩骂，时间是良好的止痛剂。学会忘却，生活才有阳光，才有欢乐。

2.不要太计较

每个人都有错误，如果执着于他人过去的错误，就会形成思想包袱，不信任、耿耿于怀、放不开，不仅限制了自己的思维，还限制了对方的发展。所以，凡事不可太较真。

3.学会换位思考

在与他人发生争吵或矛盾时，我们要学会从他人的角度来看待问题，把自己置于别人的位置，并站在他人的角度来思考问题。这样不仅可以了解别人，还会赢得友谊。我们应该经常自问："要是我处在这种情况下，我会怎么想呢？又会怎么做呢？""我现在为他做点什么，他的心里才会感觉好受一些呢？"这样，我们往往会看到问题的另一面，从而养成其宽容的品格。

4.学会忍让

在与人交往中遇到矛盾时，如果斤斤计较，以牙还牙，那么，矛盾、摩擦就会越来越大，致使积怨越来越深，一旦爆发就会酿成大祸，后果不堪设想。如果双方能够互相忍让，互相宽容，那么就会化干戈为玉帛。因此，我们要学会忍让，学会宽容别人，得饶人处且饶人。

5. 多看他人的优点

世上无完人，每个人都有长处和短处。假如在与人相处时，我们对他人的缺点、问题盯住不放，就会产生厌恶之情，言辞不满，甚至产生过激行为。相反，假如我们看他人的长处多一些，并以宽容心对待，就会由衷地表现出亲切感，相应的言行也会和善而友好。

第七章　进取优点：
奋进的人生才会闪耀光芒

找到目标，不做没有方向的船

一生的志愿

若一个人知道了他的目标方向，这个世界就会为他开路。

——爱默生

美国洛杉矶郊区15岁少年约翰·戈达德在《一生的志愿》表格上认认真真填上了这些项目：

到尼罗河、亚马孙河和刚果河探险；登上珠穆朗玛峰、乞力马扎罗山和麦特荷思山；骑大象、骆驼、鸵鸟和野马；探访马可·波罗和亚历山大一世走过的道路；主演一部像《人猿泰山》那样的电影；驾驶飞行器起飞降落；读完莎士比亚、柏拉图和亚里士多德的著作；谱一首乐曲，写一本书……

约翰·戈达德在《一生的志愿》表格上共填上了127个目标。写完后，他将每一项都编上号说："这就是我的生命志愿，我要用自己的生命去一一完成它！"当时，不仅是约翰·戈达德的同学和朋友认为约翰·戈达德这是痴人说梦，就连他的祖父和父亲都笑他说："孩子，你知道一个人的一生能做多少事吗？别说你有这么多愿望，只要你一生能做完其中的三五项就十分了不起了。"

但约翰·戈达德说："相信我，这些愿望对一个人的一生来说并不算多，我会一一完成给你们看的。"

如何让孩子更出色
——孩子要养成的7种优点

16岁那年的秋天，约翰·戈达德就踏着落叶离开了自己的家乡，开始去追逐自己那一大堆的人生梦想了，在亚马孙河探险时，他多次落水，差一点就葬身水底；在刚果河探险时，他多次遭遇鳄鱼的袭击，有几次差点葬身鱼腹；在乞力马扎罗山上，他遭遇过惊心动魄的雪崩，被凶猛残忍的雪豹追逐……但约翰·戈达德并没有因此而停止追逐自己人生志愿的脚步。他自信地说："上帝给了我这么多人生的志愿，我相信自己一定能够完成它们！"现在，经过二十多次死里逃生后，约翰·戈达德已经完成了《一生的志愿》表格上的106个愿望。见多识广的约翰·戈达德深有感触地说："人生就是目标，目标越多、越艰巨，你的人生就越具动力、越辉煌，就像一个人，你只让他耕1英亩地，同让他耕10英亩地所激发出来的生命能量是绝对不一样的！"

【心灵悟语】

目标是人生的指南针，是每个有志者的人生灯塔，是激发人不断向前的动力。一个人，不论他有多少资本，不论他的头脑有多聪明，如果他没有明确的人生奋斗目标，那么，他必将一事无成。而一个人即使处在非常艰难的逆境中，只要他有自己坚定不移的目标，他就一定能走向成功。

生活中，我们每一个人都应该在心中树立一个合理的目标，然后着手去实现它。你应该把这一目标作为自己思想的中心。这一目标可能是一种精神理想，也可能是一种对世俗的追求，这当然取决于你此时的本性。但无论是哪一种目标，你都应将自己思想的力量全部集中于你为自己设定的目标上面。你应把自己的目标当作至高无上的任务，应该全身心地为它而奋斗。

凭智慧战胜对手

　　要想有所成就，最重要的秘诀在于确定你的目标，然后采取行动，朝着目标前进。

——博恩·崔西

　　1984年，在东京国际马拉松邀请赛中，名不见经传的日本选手山田本一出人意外地夺得了世界冠军。当记者问他凭什么取得如此惊人的成绩时，他说了这么一句话：凭智慧战胜对手。

　　当时许多人都认为这个偶然跑到前面的矮个子选手是在故弄玄虚。马拉松赛需要的是体力和耐力，只要身体素质好又有耐性就有望夺冠，爆发力和速度都还在其次，说用智慧取胜确实有点勉强。

　　两年后，意大利国际马拉松邀请赛在意大利北部城市米兰举行，山田本一代表日本参加比赛。这一次，他又获得了世界冠军。记者又请他谈谈经验。

　　山田本一性情木讷，不善言谈，回答的仍是上次那句话：用智慧战胜对手。这回记者在报纸上没再挖苦他，但对他所谓的智慧迷惑不解。

　　10年后，这个谜终于被解开了，他在他的自传中是这么说的："每次比赛之前，我都要乘车把比赛的线路仔细地看一遍，并把沿途比较醒目的标志画下来，比如第一个标志是银行，第二个标志是一棵大树，第三个标志是一座红房子……这样一直画到赛程的终点。比赛开始后，我就以百米的速度奋力地向第一个目标冲去，等到达第一个目标后，我又以同样的速度向第二个目标冲去。40多公里的赛程，就被我分解成这么几个小目标轻松地跑完了。起初，我并不懂这样的道理，我把我的目标定在40多公里外终点线上的那面旗帜上，结果我跑到十几公里时就疲惫不堪了，我被前面那段遥远的路程给吓倒了。"

【心灵悟语】

　　成功并非一蹴而就，而是一个不断积累的过程。有些时候，一些大目标看似难以实现，但是如果你把它分解成无数个小目标，就会让自己每时每刻都能看到希望的曙光，心中始终饱含着对成功的渴望。如果每一个阶段目标都有了实现的可能，那么成功离我们也就不再那么遥远了。

　　每个长远目标都是由一个个并不起眼的小目标的实现堆砌起来的。在日常生活中，我们都会有自己的梦想和目标，达到目标的关键在于把目标细化、具体化。因此，你不妨把一个大目标分成许多小目标，按照实施的步骤排列起来依次完成，这样可以做得更快更好。

20年后的境遇

　　一个崇高的目标，只要不渝地追求，就会成为壮举。

　　　　　　　　　　　　　　　　　　　　　——华兹华斯

　　有一个大热天，一群人正在铁路的路基上工作。这时，一辆火车缓缓地开过来，工人只好放下工具。火车停下来后，最后一节特别装有空调装备的车厢的窗户忽然打开了。一个友善的声音从里面传出来："大卫，是你吗？"这群人的队长大卫·安德森回答说："是的，吉姆，能看到你真高兴。"寒暄几句后，大卫就被铁路公司的董事长吉姆·摩非邀请上火车了。这两人经过一个多小时的闲聊后，握手话别，火车又开走了。

　　这群人立刻包围了大卫，他们都对他居然是铁路公司董事长的朋友而感到吃惊。大卫解释说，20年前他与吉姆·摩非在同一天开始为铁路公司工作。

有人半开玩笑半正经地问大卫："为什么你还要在大太阳下工作，而吉姆·摩非却成了董事长？"大卫说了一句意味深长的话："20年前我为每小时1.75美元的工资而工作，而吉姆·摩非却为铁路事业而工作。"

正如大卫所说，他们两人20年后的境遇相差如此遥远，是由于他们各自选择的目标决定的。按一般的观点看，吉姆·摩非比大卫·安德森要成功得多了，一开始前者的目标就比后者的远大并具有挑战性。我们就必须付出超过常人的努力，坚持不懈地干下去，当然20年后结果就不一样了。

【心灵悟语】

目标大小与一个人的成就有直接的关系。不同的目标就会有不同的人生。一个人奋斗的动力来源于定下的不凡目标，不凡的成功归功于对目标孜孜不倦的追求。所以说，为自己树立一个远大目标是极其重要的。人不能没有目标，没有目标也就没有足够的动力，目标有时就等于雄心。目标是成功的第一推动力。所有成功者在成功之前都一定有自己远大的目标，并在远大目标的指引下到达成功的彼岸。

远大目标是人的精神支柱和动力源泉。对青少年来说，目标的种子一旦生根、发芽，就会转化成勤奋学习的动力，而且这种动力是持久的。而如果没有远大目标，我们就不知道自己学习有什么用，以至于只知玩乐。在这种情况下，只要稍微有点阻力和困难，就可能产生厌学情绪。因此，从现在开始，我们要给自己树立一个远大的目标，增强学习的动力，为实现梦想而努力奋斗。

如何让孩子更出色
——孩子要养成的 7 种优点

梦想还是要有的

世界上最快乐的事，莫过于为理想而奋斗。

——苏格拉底

　　一位年轻的墨西哥姑娘——罗马纳·巴纽埃洛斯，在她16岁的时候就结婚了。两年后，她成了两位孩子的母亲，可是不久后丈夫就离家出走了，再也没有回来。罗马纳只好独自担负起家庭重担。她下定决心要改变一家人的生活，因为她想让自己与两个孩子过上一种体面的生活。

　　于是，巴纽埃洛斯用一块普通披巾包起全部财产，与两个孩子跨过里奥兰德河，在得克萨斯州的埃尔帕索安顿下来。她刚开始是在一家洗衣店里工作，一天仅赚17美元，但她从没忘记自己的梦想。于是，口袋里只有7美元的她，又带着两个孩子乘公共汽车来到洛杉矶寻求更好的发展。

　　巴纽埃洛斯来到洛杉矶后，她开始做洗碗的工作，后来是找到什么活就做什么，拼命攒钱。直到她存下了400美元后，便和她的姨母共同买下一家拥有一台烙饼机及一台烙小玉米饼机的店。巴纽埃洛斯与姨母共同制作的玉米饼非常受欢迎，后来还开了几家分店。直到最后，姨母感觉工作太辛苦了，巴纽埃洛斯便买下了她的股份。不久，巴纽埃洛斯经营的小玉米饼店铺成为全国最大的墨西哥食品批发点，拥有员工300多人。

　　在巴纽埃洛斯和两个孩子在经济上有了保障之后，她决定用自己的能力来帮助居住在美国的同胞们。

　　"我们需要自己的银行。"她说。后来她便和许多朋友在东洛杉矶创建了"泛美国民银行"，这家银行主要为美籍墨西哥人服务。

　　可是，别人告诉巴纽埃洛斯，美籍墨西哥人不能创办自己的银行，你们没有资格创办一家银行，同时永远不会成功。

"我行，而且一定要成功。"巴纽埃洛斯平静地回答说。

结果巴纽埃洛斯真的梦想成真了。她与伙伴们在一个小拖车里创办起他们的银行。可是，到社区销售股票时却遇到另外一个麻烦，因为人们对他们毫无信心，人们拒绝购买她们的股票。

他们问巴纽埃洛斯："你怎么可能办得起银行呢？我们已经努力了十几年，但总是失败，你知道吗？墨西哥人不是银行家呀！"

但是，巴纽埃洛斯始终不放弃自己的梦想，努力不懈。如今，这家银行已经建起，巴纽埃洛斯的故事在东洛杉矶已经传为佳话。后来她的签名出现在无数的美国货币上，她由此成为美国第34任财政部长。

你能想象得到这一切吗？一名默默无闻的墨西哥移民胸怀大志，后来竟成为美国的财政部长。听起来感觉像一个不可思议的梦，可是巴纽埃洛斯的事迹却告诉我们，这个梦是真实的。

【心灵悟语】

梦想是人生的一部分，有梦想的人生，才是完整的人生。一个没有梦想的人，就像一个断了线的风筝一样，没有任何的方向和依靠；一个没有梦想的人，就像大海中一艘迷失了方向的船，永远无法靠岸。你的梦想决定了你的人生，只要心中有梦想，我们便永远不会感到迷惘。

梦想是美好的，每个人都希望自己能美梦成真，但我们也要问问自己："我奋斗了吗？我为自己的梦想播种耕耘了吗？"努力是通向理想的必经之路，而奋斗是实现理想的必要条件。我们只有不懈地努力与奋斗，才能战胜人生中的激流，找到那条梦想之路，跳过梦想之门，找寻自己奋斗而得来的果实。

青少年朋友，你的梦想是什么？为梦想努力奋斗吧！只要你为自己的梦想努力再努力，何愁不会成功呢？

培养优点小贴士：实现目标的方法和措施

1.明确自己的目标

正确的目标具有非常突出的"明确性"的特点。新生活是从选择开始的，它并不是方向，而是真正的目的地。一些人之所以没有成功，主要原因就是他们不明确自己行动的目标。我们只有设定明确的目标才能锁定意念，进而才能够朝着所希望的目标前行。

2.建立符合自身情况的目标

我们每个人都有自身的优势和劣势，我们应该在全面了解自己的长处与短处的同时，充分发挥自己的优势，努力改进自己的劣势，建立符合自己实际水平的奋斗目标。

3.制订实现目标的计划

一旦制订了目标，就要制订每年、每月、每周甚至每天的计划。比如学英文，一周几次，每次多长时间。当然你可以按照现状不断修正，但大方向是不变的。

4.规定实现目标的期限

没有期限，就等于没有目标，就永远达不到成功的彼岸。期限是衡量目标进展的尺度，是激发你向目标不断前进的动力。

5.付诸行动

没有行动再好的目标也只是白日梦。不要拖延，不要以后再做，立即就做，现在就做。

6.时常反思和总结经验

在实现目标的过程中一定会出现困难，我们自己要经常反思一下自己的行为。然后经常总结经验教训，这样有助于认清目标和方式。

7.不断向自己提出更高的目标

你的目标越高，你的眼界就越宽阔，你的世界就越大，你的思想也就越积极。更高的目标，能催人奋进。你完成的每一个目标和为达到目标所做的每一件事情，都须指向你的人生目标。

8.自我激励

每天在心中不断鼓励自己，给自己暗暗加油。告诉自己"我能行"，不要放弃，跌倒了再爬起来！

勤于思考，激发创新潜能

逆向思维有助于成功

无某种大胆放肆的猜想，就不可能有知识的积累。

——爱因斯坦

有两个人一起出差，其中一个人逛街时看到大街上有一老妇在卖一只黑色的铁猫。这只铁猫的眼睛很漂亮，经仔细观察，他发现铁猫眼睛是宝石做成的。于是他不动声色地对老妇说："能不能只买一对眼珠？"老妇起初不同意，但他愿意花整只铁猫的价格买眼珠。老妇便把猫眼珠取出来卖给了他。

他回到旅馆，欣喜若狂地对同伴说，自己捡了一个大便宜。用了很少钱买了两颗宝石。同伴问了前因后果，问他那个卖铁猫的老妇还在不在，他说

如何让孩子更出色
——孩子要养成的 7 种优点

那个老妇正在等着有人买她的那只少了眼珠的铁猫。

同伴取了钱便寻找那个老妇去了，一会儿，他把铁猫抱了回来。他分析这只铁猫能有两颗宝石眼睛，那身体其他部分也肯定价值不菲。他用锤子敲铁猫，铁屑掉落后他们发现铁猫的内质竟然是用黄金铸成的。

【心灵悟语】

买走铁猫眼的人是按正常思维走的，铁猫的眼很值钱，取走便是。但同伴却通过逆向思维断定：既然猫的眼睛是宝石做的，那么它的身体肯定不会是铁。正是这种逆向思维使同伴摒弃了铁猫的表象，发现了猫的黄金内质。事情就是那样巧妙，在现实生活中，有时 "反弹琵琶"，就会"无心插柳柳成荫"，给人带来意外的惊喜。

当你面对一个史无前例的新问题，沿着某一固定方向思考而百思不得其解时，你如果能灵活地调整一下思维方向，摆脱传统观念的束缚，从不同的角度思考，甚至把事情整个反过来设想一下，那么就有可能茅塞顿开，恍然大悟，由"山重水复"的歧途，步入"柳暗花明"的佳境。

用花卉来制造美容霜

对于一个艺术家来说，如果能够打破常规，完全自由地进行创作，其成绩往往会是惊人的。

——卓别林

法国著名美容品制造商伊夫·洛列是一个善于创新的人。

起初，伊夫·洛列对花卉抱有极大的兴趣，经营着一家自己的花店。一个偶然的机会，他从一位医生那里得到了一个专治痔疮的特效药膏秘方，这使他产生了浓厚的兴趣。他想如果能把花的香味融入这种药膏中，使其芬芳扑鼻，那这种药膏应该会很受欢迎。

于是，凭着浓厚的兴趣和对花卉的充分了解，伊夫·洛列经过昼夜奋战研制成了一种香味独特的植物香脂。他兴奋地带着自己的产品挨家挨户地去推销，取得了意想不到的成果，几百瓶产品几天的工夫就卖得一干二净。

由此，伊夫·洛列又想到了利用花卉和植物来制造化妆品。他认为，利用花卉原有的香味来制造化妆品，能给人带来清新的感觉，而且原材料来源广泛，香型也很多，市场前景一定很广阔。

他开始游说美容品制造商实施他的计划，但在当时，人们对于利用植物来制造化妆品是持否定态度的。洛列并没有因此而放弃，他坚信自己这个新颖的想法一定能成功。于是，他向银行贷款，建起了自己的工厂。

1960年，洛列的第一批花卉美容霜研制成功，开始小批量投入生产，结果在市场上引起了轰动。在极短的时间内，70万瓶美容霜销售一空，这对于洛列来说，无疑受到了巨大的鼓舞。

为了促进销售，他还别出心裁地在广告中附上邮购优惠单，相信这样一定会引起更多人的注意。他在《这儿是巴黎》杂志刊登了一则广告，并附上邮购优惠单。《这儿是巴黎》发行量较大，结果其中40%以上的邮购优惠单都被寄了回来。伊夫·洛列又成功了，这种独特的邮购方式使他的美容品源源不断地卖了出去。

如果说洛列采用植物制造美容品是一种大胆的尝试的话，那么采取邮购的营销方式则是他的一种创举。

1969年，洛列扩建了自己的工厂，并且在巴黎的奥斯曼大街上开了一家专卖店，从此，洛列开始大量地生产和销售化妆品。如今他在全世界的分店已近千家，产品被世界各地的人们所使用。

如何让孩子更出色
——孩子要养成的 7 种优点

【心灵悟语】

创新不是天才的专利。创新只在于找出新的改进方法。成功者之所以能成功，是因为他们能找出把事情做得更好的办法。

创新就是做别人没做过的事，走别人没走过的路，敢于打破思维定式，开辟新领域。创新是一个人成功必备的法宝，而要有所创新，首先要具备一个有创造力的头脑，也就是要有创新的思维。拥有创新思维的人，往往战无不胜，攻无不克。

高薪聘请业务经理

想出新办法的人在他的办法没有成功以前，人家总说他是异想天开。

——马克·吐温

2001年，美国通用公司高薪聘请业务经理，这吸引了许多有能力、有学问的人前来应聘。在众多应聘者当中，有3个人表现极为突出，一个是博士甲，一个是硕士乙，另一个是刚走出大学校门的毕业生丙。公司最后给这3人出了这样一道考题：

在很久以前，有一个商人出门送货，不巧正赶上下雨天，而且离目的地还有一大段山路要走，商人就去牲口棚挑了一匹马和一头驴上路。路特别难走，驴不堪劳累，就央求马替它驮一些货物，但是马不愿意帮忙，最后驴因为体力不支而死。商人只得将驴背上的货物移到马身上，此时，马有点后悔。

又走了一段路程，马实在吃不消了，就央求主人替它分担一些货物，此时的主人还在生气："假如你当初替驴分担一点，你现在就不会这么累了，活该！"

过了不久，马也累死在路上，商人只好自己背着货物去买主家。

应聘者需要回答的问题是：商人在途中应该怎样做才能让牲口把货物运往目的地？

博士甲：把驴身上的货物减轻一些，让马来驮，这样就都不会累死。

硕士乙：应该把驴身上的货物卸下一部分让马来背，再卸下一部分自己来背。

毕业生丙：下雨天路很滑，又是山路，所以根本就不应该用驴和马，应该选用能吃苦且有力气的骡子去驮货物。商人根本就没有想过这个问题，所以造成了重大损失。

结果，毕业生丙被通用公司聘为业务经理。

博士甲和硕士乙虽然有较高的学历，但是遇事不能仔细思考，最终也以失败告终。毕业生丙虽然没有什么骄人的文凭，但他遇到问题不拘泥原有的思维模式，灵活多变，善于动脑筋，因此他成功了，获得了高薪职位。

【心灵悟语】

在思考问题的时候，我们往往会运用最常用的思路、最习惯的思维，却不知这样容易形成定式思维。最后我们解决问题的方法就会逐渐变少，这时候，从另一个角度思考问题，也许就会"柳暗花明又一村"。

人因为思考而存在。有什么样的思路，就有什么样的出路；你做出什么样的思考，就有什么样的结果。思考是一个人最难也最有价值的工作，是帮助你成就伟业的工作。只有勤于思考，才能让你保持清醒的头脑；勤于思考，才能开拓创新；勤于思考，才能不断创造。所以，我们要不断培养自己的思维能力，让自己的世界更加开阔，人生更加辉煌。

如何让孩子更出色
——孩子要养成的 7 种优点

智商160的笨蛋

一个人要想做点事业，就非得走自己的路。要开创新路子，最关键的是你会不会自己提出问题，能正确地提出问题就是迈开了创新的第一步。

——李政道

美国科普作家阿西莫夫从小就聪明，年轻时多次参加"智商测试"，得分总在160分左右，属于天赋极高者之列，他一直为此而扬扬得意。有一次，他遇到一位汽车修理工，修理工对阿西莫夫说："嘿，博士！我来考考你的智力，出一道思考题，看你能不能回答正确。"

阿西莫夫点头同意。修理工便开始说思考题："有一位既聋又哑的人，想买几根钉子，他来到五金商店，对售货员做了这样一个手势，他把左手两个指头立在柜台上，右手握成拳头做出敲击的样子。售货员见状，先给他拿来一把锤子；聋哑人摇摇头，指了指立着的那两根指头。于是售货员就明白了，聋哑人想买的是钉子。聋哑人买好钉子，刚走出商店，接着进来一位盲人。这位盲人想买一把剪刀，你想，盲人将会怎样做？"

阿西莫夫顺口答道："盲人肯定会这样。"说着，伸出食指和中指，做出剪刀的形状。

汽车修理工一听哈哈大笑："盲人想买剪刀，只需要开口说'我要剪刀'就行了，他干吗要做手势呀？"

智商160的阿西莫夫，这时不得不承认自己确实是个"笨蛋"。

【心灵悟语】

人的知识和经验丰富，并不一定就灵活，有时候知识和经验反而会限制人的思维，会在头脑中形成较多的思维定式。这种思维定式会束缚

244

人的思维，使思维按照固有的路径展开。这是很多人的一种愚顽的"难治之症"。

现实生活中，我们之所以常常在很简单的事情上跌倒，究其原因不是我们不聪明，而是我们没有用心去思考、去探究，喜欢凭自己的经验去思考问题、解决问题。或者说这都是经验主义所形成的思维定式惹的祸。所以，一个人要想进步，必须学会创新，冲破原有的经验所形成的思维定式。一旦走出了思维定式，我们就可以看到许多别样的人生风景，甚至可以创造新的奇迹。换个位置，换个角度，换个思路，也许呈现在我们面前的会是一番新的天地。

培养优点小贴士：培养创新能力的方法

1.换个角度想问题

培养创新思维，就是要突破已有的知识与经验的局限，在看来不合逻辑的地方发现隐秘。创新思维是以直观、猜测和想象为基础而进行的一种思维活动。我们在遇到问题时，可以试着转个方向，换个角度，说不定就会有新的发现与收获。

2.不迷信标准答案

有位教育学家曾说过：标准答案是创造力的杀手。有时候学生们为了追求高分不得不压抑自己的创造力，但现在随着教育的改革，学校越来越注重培养学生的创造力了，"雪化了是春开"已经不再是"错误"的答案。你在平时学习和生活中也没有必要非追随那些老旧的标准，应大胆地去想象，保持并发展自己的求异思维。

3.敢于提出质疑

古人云："学起于思，思源于疑。"疑是一切发现创新的基础。创新能力的培养，要拒绝顺从，敢于质疑。对长者、老师、父母、专家、权威等说的话、提出的理论、采用的方法，我们要敢于质疑。

4.逆向思维

逆向思维是超越常规的思维方式之一。若总是按照常规的思路解决问题，我们便会缺乏创造性，或是跟在别人的后面亦步亦趋。当你进入习惯思维的死胡同不能自拔时，不妨尝试一下逆向思维法，打破原有的思维模式，反其道而行之，开辟新的道路。逆向思维对人们认识的挑战，是对事物认识的不断深化，由此可能会而产生原子弹爆炸般的威力。因此，面对一个思维对象，不能仅仅局限于传统思维，更不能死守一个点。

5.保持好奇心

失去好奇心，就不会有创造欲，也不可能有正确的判断。许多发明和创作往往是在好奇心的推动下，经过创新性思维创造出来的。

6.关注生活

我们都知道，艺术和文学创作都必须源于生活，只有源于生活的东西才是具有生命力的东西，才能为人们所熟知、所接受。其实，创新也是一样，创新的灵感从哪里来，它也必须从生活中来，它不可能凌驾于生活之上，更不可能是梦幻的、虚无缥缈的东西。只有热爱生活、关注生活，并好好享受生活，我们创新的灵感源泉才会永不枯竭，我们的生活也才会日新月异、丰富多彩。

勤奋努力，有付出才会有收获

王羲之练字

没有加倍的勤奋，就既没有才能，也没有天才。

——门捷列夫

王羲之是东晋时期著名的书法家。关于他有一个美丽的传说。

据说，王羲之年幼时在家练了整整3年字，可还是没有找到书法的精髓。

王羲之纳闷了：为什么练了那么久，技艺就是不到家呢？莫非我也要出去寻游，拜仙求师才能把字写好吗？这样想着，他收拾了包裹，踏上了行程。

王羲之出了临沂城，来到了沂蒙山，看到一位老猎人身挎强弓，腰悬利箭，正在打猎，便走上前，向老猎人说明了来意。老猎人说："你看天上飞来3只大雁，待我射下来再告诉你吧。"王羲之举目望去，只见白茫茫的天空中果然有3个黑点。他心里嘀咕道：能看清它们就不容易了，如何打得下来啊！

除非老人是能射下9个太阳的后羿再世！正在这时，只听"嗖嗖嗖"3箭连发，立刻从半空中掉下3只大雁。王羲之急忙跑上前去看：天啊，支支利箭都射中大雁头，这人肯定是仙家的门徒！于是他赶紧起身向老猎人拜揖。老猎人见王羲之将自己当成了神仙，笑着说道："我自幼在深山打猎，从来没

如何让孩子更出色
　　——孩子要养成的7种优点

有拜揖过神仙，手中弓箭也一般，本事全靠苦中练。"

　　可是王羲之听了直摇头，不相信老人说的，于是老猎人捋捋胡子，指着对面那座高山说道："你看，对面山腰上是不是有个透亮的洞？那是我当年为了学好打猎，每天对着这座高山练箭，日复一日，年复一年，这座大山就让我给射穿了，如今人们就管它叫'箭穿山'。"王羲之听了，摇了摇头，叹了口气，谢了老猎人继续往前走。

　　走啊走，王羲之来到了沂河边，看到一位渔翁正在捕鱼。老渔翁鹤发童颜，精神矍铄。王羲之走上前，向老渔翁说明了来意，老渔翁笑了笑说："等我叉上那条大鱼再告诉你吧。"王羲之向前一看，只见河水滔滔，奔流不息，哪有鱼的影子啊。他想：不是老渔翁在吹牛吧！正想着，只见渔翁飞出手中的叉，"嗖"的一声，一条大鱼，足有七八斤重，叉在了鱼叉上。王羲之惊得目瞪口呆，立刻向老渔翁鞠躬道："老伯，您有这等本领，一定是仙家的门徒，请您告诉我仙家的去处，让我也能拜仙家为师吧。"渔翁听了笑着说道："我自幼在河边捕鱼，未听哪里有神仙，手中鱼叉也一般，本事全靠苦中练。"

　　王羲之听了，低着头锁着眉想了想，还是不相信。于是老渔翁就领他来到了一个深水潭旁，说道："当年我为了练习捕鱼，每天都到这里来苦练投叉，日复一日，年复一年，最后，这鱼叉就在这里凿出一个大水潭，如今人们都管这个水潭叫'练叉潭'。"

　　王羲之听了，仔细想了想，谢过老渔翁又继续往前走。

　　走着走着，王羲之来到一座山上，见一个老羊倌正在放羊，便向他说明了来意。老羊倌刚要答话，忽然前面一块碾盘大的石头上爬来一条大长虫。

　　王羲之正要往老汉身后躲，却见老羊倌挥起鞭儿"啪"地一抽，大长虫和那块大石头竟被他抽成两半了，王羲之惊得连声喊道："老伯神鞭这么出奇，您定是仙家门徒！请您快领我去见老神仙！"老羊倌听了哈哈大笑，接着说道："自幼放羊在蒙山，从来没有拜神仙。手中扬鞭也一般，本事全靠苦中练。"

　　王羲之听了不吱声。老汉指着那座山的山顶说："你有所不知，这山头原本是尖的，当年我每天在这儿苦练甩羊鞭儿，日复一日，年复一年，最后，山头就让俺抽成平的了，如今人们都叫它'鞭抽山'。"王羲之听了，犹如大梦初醒，再也不想寻神仙、求神笔了。他向老汉拜了3拜，转身就赶回了家乡。

　　王羲之回到家中，发愤研究书法，从头练起。每天一早就到家门前的水塘边临池练字，日落西山才涮笔洗砚，最后染得水黑如墨，于是，人们就给那池塘起了个名字，叫"洗砚池"。

　　王羲之勤奋练字，终成一代书法大家。

【心灵悟语】

　　天道酬勤，勤奋是一种重要的品质。也许短暂的努力并不能让你在学业或事业上遥遥领先，但是经过长期的勤奋努力，你一定会有实质上的飞跃。一分耕耘，一分收获，只有努力了，才会有收获。每天多付出一点，每天多努力一点，每天多积累一点，在不知不觉中，你就会发现，自己已经在学业或事业的征途上成为领头羊了。

智商测试

　　天才就是百分之一的灵感加上百分之九十九的勤奋。

——爱迪生

　　有3个高中一年级的同学到电脑城玩，他们在一台电脑前做了一个智商测试。

　　甲首先进行智商测试，电脑显示：你的智商直逼爱因斯坦，前途无量。

如何让孩子更出色
——孩子要养成的 7 种优点

甲高兴万分。接着乙的智商测试结果也出来了：你的智商有如常人，请多多努力。乙不愠不恼。最后轮到丙进行智商测试，电脑显示：你的智商不及格，一切努力徒劳无益。丙沮丧悲伤。

从电脑城回来后，丙下决心努力学习，奋发向上；乙见丙勤奋，也跟着加倍努力；只有甲天天自高自大，坐等"前途无量"。

3年后，丙考上了北京某著名学府，乙也考上了省内的重点大学，甲却名落孙山。他们又到电脑城进行智商测试，结果与上次完全相同。这时丙哈哈大笑，乙仍不愠不恼，甲却羞怒万分，一拳砸在电脑上。电脑挨了一拳，屏幕显示："打我没用！智商不等于成功，努力才是关键！"

【心灵悟语】

没有人能只依靠天分成功。一个天赋再高的人，若不勤奋学习，努力丰富自己的知识和生活阅历，也会江郎才尽。

成功在于勤奋。一个人的能力有大有小，智商有高有低，但只要勤奋，就一定会有所收获。勤奋与成功总是分不开的。古今中外，成功人士的共同点就是勤奋。那么，就让我们在勤奋努力中实现自我的人生价值吧！

莎士比亚的成功

"天才就是勤奋"，曾经有人这样说过。如果这话不完全正确，那至少在很大程度上是正确的。

——李卜克内西

莎士比亚13岁的时候，父亲破产了，一家人的生活支出没有了来源。他只得中途退学，帮助父母维持生意，做些家务。困苦的生活并没有使莎士比亚心灰意懒。他那充满幻想的头脑，对任何事情都有浓厚的兴趣：大自然的美丽景色，使他赏心悦目；老人们讲述的动人故事，让他浮想联翩；对未来的生活，他充满了憧憬。

剧团的演出在莎士比亚的记忆中总能留下清晰的印象。

还在幼年时期，伦敦城里最有名的女王剧团曾经到斯特拉福镇演出过，此后多年中，每年都有几个剧团来这里演出。这些演出在莎士比亚幼小的心灵上播下了爱好戏剧的种子。

他常常和几个小伙伴模仿自己看到的戏剧情节，并有声有色地表演。有时候，他会为思考一个剧中的情节，独自在田间小径上揣摩好几个小时。他暗暗下了决心：要终身从事戏剧事业。他知道，当个戏剧家，要有很丰富的知识。因此，他开始如饥似渴地读哲学、文学、历史等方面的书籍，自修希腊文和拉丁文，多方面地丰富自己的知识。几年工夫，他已成为一个博学的人了。

一天，莎士比亚突发奇想，能在戏院里谋个差事就好了。可这样的机会不是太多。他就主动到戏院服务：他做马夫，专门等候在戏院门口伺候看戏的绅士。有乘车的贵客到了，就赶紧迎上去拉住马匹，系好缰绳。日子长了，他和看门人混熟了。看门人特许他从门缝里和小洞里窥看戏台上的演出，他边看边细心琢磨剧情和角色。夜深人静的时候，是他发愤读书、苦练演戏本领的时候，他屋里烛光常常彻夜不熄。

莎士比亚凭借自己的勤奋努力，很快掌握了许多戏剧知识。有一位著名演员很欣赏莎士比亚的才能，请他到剧团里演配角。莎士比亚喜出望外，他知道在实践中能提高和丰富自己的艺术技能。为了演好戏，他经常深入下层社会，观察那些流浪汉、江湖艺人和乞丐，同自己周围的各种人谈心，学习他们的语言谈吐，熟悉他们的生活习性，体会他们的思想感情。这样，他很快就成了一位专业的演员。

莎士比亚深感自己的知识浅薄。他利用点滴时间刻苦读书，钻研哲学、文学、历史等方面的知识。就这样，他凭借自己的勤奋和努力，开阔了视野，丰富了知识，在此基础上，仅用了1年多的时间，就为剧团写出了《亨利六世》等3部剧本，引起了戏剧界的注意。紧接着，他又连续写出了《理查三世》《错误的喜剧》等剧本，获得了极大的成功。

【心灵悟语】

　　勤奋是获取成功最主要的因素，是通往成功的必经之路。如果你想成为有志者，想在社会上有所成就，实现心中的梦想，那就必须具有勤奋、肯吃苦的上进精神。

　　正所谓：一分耕耘一分收获。勤奋是成就人生和事业的基础，是成功者的共性。世界上没有任何东西可以代替勤奋的意志，唯有勤奋才能让人做出非凡的事业来，也唯有勤奋才能成全你的人生和事业。

勤奋的回报

　　在天才和勤奋之间，我毫不迟疑地选择勤奋，它几乎是世界上一切成就的催生婆。

—— 爱因斯坦

　　著名推销商比尔·波特在刚刚从事推销业时，屡受挫折，但他硬是一家一家地推销下去，终于找到了第一个买家。如今的他，已成了怀特金斯公司的招牌。比尔·波特说："没有完成你未完成的事之前，你就要永远勤奋下去。"

　　比尔出生时，由于母亲难产导致他大脑神经系统瘫痪，这种病症严重影响了他对肢体的控制。福利机关将他定为"不适于被雇用的人"，专家们也说他永远都不能工作。可是，比尔却从来没有将自己看作"残疾人"，在母亲的鼓励下，他开始了人生中的第一份工作——推销员。

第一次上门推销时，比尔反复犹豫了4次，才最终鼓起勇气按响了门铃。开门的人对比尔推销的产品并不感兴趣。接着第2次，第3次……比尔能始终把注意力放在寻求更强大的生存技巧上，所以即使顾客对产品不感兴趣，他也不灰心丧气，而是一遍一遍地去敲开其他人的家门，直到找到对产品感兴趣的顾客。几十年来，他不断这样重复着，不论刮风，还是下雨，他每天都要走10英里，背着沉重的样品包，四处奔波。比尔敲遍了这个地区的所有家门。他每做成一笔交易，顾客就会帮助他填写好订单，因为比尔的手几乎拿不住笔。

每天下班，比尔都筋疲力尽地回到家中，此时他关节疼痛，而且偏头痛还时常折磨着他。每隔几个星期，他就会打印一份订货顾客的清单，由于他只有一个手指能用，所以这项简单的工作常常用去他10个小时的时间。每天深夜，当把一天的工作全部做完后，他就将闹钟定在4点45分，以便早点起床开始明天的工作。一年年过去了，比尔的销售额也随之渐渐地增加了。

最终在怀特金斯工作的第24个年头，比尔成了怀特金斯公司在西部地区销售额最高的推销员，同时也是推销技巧最好的销售员。怀特金斯公司对比尔进行了表彰，他是第一个得到公司颁发的杰出贡献奖的人。

在颁奖仪式上，怀特金斯公司的总经理告诉他的雇员们："比尔的事例告诉我们：一个有目标的人，只要全身心地投入追求目标的努力当中，勤奋地工作，那么生活中就没有什么事情是不可能做到的。"

【心灵悟语】

人只有养成勤奋的习惯，才能在事业上获得成功，成就精彩的一生。

勤奋是胜于黄金的财富，纵然你有黄金万两，若不勤奋赚钱，也总会有穷困的一天。而勤奋却是永不枯竭的财源。勤奋能使人走向成功。聪明的人，勤奋而努力便能成就大事业；而比较愚笨的人，如果能以勤为本，笨鸟先飞，同样可获得成功。

培养优点小贴士：如何做一个勤奋努力的人

1.确立目标

俗话说："有志者事竟成。"只有树立了远大的志向，才能够用这个志向去激励自己勤奋努力，从而实现自己的理想。所以无论是在生活方面，还是在学习方面，我们都要确立一个目标。有了目标的压力和动力，那么我们的学习和生活才会有方向，我们才会为达成目标而开动脑筋，付出努力，只有这样，我们才能形成勤奋努力的良好习惯。

2.早睡早起

俗语说："一天之计在于晨。"早睡早起对人是有益的。心理科研成果已证实：早睡早起的人情绪更稳定，解决问题也更为顺利，处事更谨慎，而且他们的幸福感比一般不习惯早起的人要强烈许多。早睡早起不但有利于人的身心健康，还有助于形成好的习惯。美国科学家、政治家富兰克林曾说："我未曾见过一个早起、勤奋、谨慎、诚实的人抱怨命运不好。"因此，我们应当养成早睡早起的好习惯。

3.热爱劳动

勤奋不仅表现在学习上，还表现在工作和劳动上。当我们走上社会，勤奋就直接表现在工作中。因此，我们要从小就通过劳动来培养勤奋的好习惯。

4.付诸行动

勤奋努力并不只是一个口号，它是需要实际行动的，只有一个好好学习的念头是没有意义的，每一刻你的想法都要付诸实践，这样你才是一个真正优秀的人。当然，一个勤劳的人也是会去思考的，但是他思考的是怎么才能更好地行动，而不是瞎想，而且有好的规划之后，他会把规划拿去实践。

5.让勤奋成为习惯

勤奋需要时间和精力，所以要讲究方法。我们一定要按照最优效率原则形成规律，养成习惯。

挖掘潜能，创造美好未来

一块铁的最佳用途

没有人事先了解自己到底有多大的力量，直到他试过以后才知道。

——歌德

一个铁块的最佳用途是什么呢？第一个人是个技艺不纯熟的铁匠，而且没有要提高技艺的雄心壮志。在他的眼中，这个铁块的最佳用途莫过于把它制成马掌，他为此竟还扬扬得意。他认为这个粗铁块每磅只值两三分钱，所以不值得花太多的时间和精力去加工它。他强健的肌肉和三脚猫的技术已经把这块铁的价值从1美元提高到10美元了。对此他已经很满意了。此时，来了一个磨刀匠，他受过一点训练，有一点雄心，眼光更高一些，他对这块铁看得更深些，他研究过很多煅冶的工序，他有压磨抛光的轮子，有烧制铁块的炉子。于是，铁被熔化掉，经过煅冶，被加热到白热状态，然后被投入冷水或石油中以增强韧度，最后被压磨抛光。当所有这些都完成之后，奇迹出现了，他竟然制成了价值2000美元的刀片。铁匠惊讶万分，因为自己只能做出

如何让孩子更出色
——孩子要养成的 7 种优点

价值10美元的粗制马掌。经过提炼加工，这块铁的价值已被大大提高了。

另一个工匠看了磨刀匠的成果后说："依你的技术能做成刀片也已经相当不错了。但是你应该明白这块铁的价值你连一半都还没挖掘出来。我研究过铁，知道它里面藏着什么，知道能用它做出什么来。"

与前两个工匠相比，这个匠人的技艺精湛，眼光也很犀利，他受过很好的训练，有很高的理想和坚韧的意志力，他能深入地看到这块铁的分子——不再囿于马掌和刀片——他利用精湛的技艺把生铁变成了最精致的绣花针。他已使磨刀匠的产品的价值翻了数倍，他认为他已经充分挖掘了这块铁的价值。当然，制作肉眼看不见的针头需要有比制造刀片更精细的工序和更高超的技艺。

但是，这时又来了一个技艺更高超的工匠，他的头脑更灵活，技艺更精湛，更有耐心，而且受过顶级训练，他对马掌、刀片、绣花针不屑一顾，他用这块铁做成了精细的钟表发条。别的工匠只能看到价值仅几千美元的刀片或绣花针，而他那双犀利的眼睛却看到了价值10万美元的产品。

也许你会认为故事应该结束了，然而，故事还没有结束，又一个更出色的工匠出现了。他认为，这块生铁还没有物尽其用，他可以让这块铁造出更有价值的东西。在他的眼里，即使钟表发条也算不上上乘之作。他知道用这种生铁可以制成一种弹性物质，而一般粗通冶金学的人是无能为力的。他知道，如果煅铁时再细心些，它就不会再坚硬锋利，而会拥有许多新的性质。

这个工匠用一种犀利的眼光看出，钟表发条的每一道制作工序还可以改进；每一个加工步骤还能更完善；金属质地还可以精益求精，它的每一条纤维、每一个纹理都能做得更完美。于是，他采用了许多精加工和细致煅冶的工序，成功地把他的产品变成了几乎看不见的精细的游丝线圈。一番艰苦劳作之后，他梦想成真，把仅值1美元的铁块变成了价值100万美元的产品，同样重量的黄金的价格都比不上它。

【心灵悟语】

　　铁块尚有如此挖掘不尽的财富，何况人呢？每个人的体内都隐藏着无限丰富的生命能量，只要我们不断去开发，我们的潜能就会不断被挖掘。

　　任何成功者都不是天生的，成功的根本原因是开发了人的无穷无尽的潜能。人的潜能是无穷的，一旦被激发出来，就可以使我们的能力和聪明才智充分地发挥出来，为我们的生活、学习、工作打下坚实的基础，使我们在人生的道路上不断地超越自我、挑战自我，充分体现自我的人生价值，创造美好的人生！

没有什么不可能

　　你唯一的限制就是在你的脑海中为自己所设立的那个限制。

——拿破仑·希尔

　　美国人菲奇毕生以制造一种用蒸汽作为动力的汽船为目标，但以失败告终了，于是发明这种汽船一度被认为是绝不可能的事。

　　菲奇的发明设计被一位美国青年富尔顿看到了。富尔顿在少年时曾经有一个想法：如果用一种像鸭蹼一样的轮子在船边转动，是不是可以代替人力划桨的方法使船在水中前进呢？他曾在14岁时创造过一种像鸭蹼那样拨水的小艇，只是苦于找不到推动蹼轮的动力。

　　富尔顿在法国看到菲奇的设计图以后，对制造轮船产生了浓厚的兴趣，也进行了自己的设计。据说他曾拿着自己的设计图去见拿破仑，希望能得到拿破仑的支持和帮助，可是拿破仑一笑置之，找了个理由就把富尔顿打发走了。于是富尔顿在英国订购了瓦特蒸汽机，带回美国自己试制。当时很多人认为试制蒸汽轮船是一种幻想，不肯投资，富尔顿后来得到一位不愿公开姓名的人的赞助，他的试验才得以进行下去。

富尔顿也曾有过失败，他仔细研究了菲奇和自己的失败，认为失败的主要原因是将鸭蹼式的拨水装置装在船的下部，一旦船的载重量比较大，拨水装置就不能转动，船也就不能前进了。而富尔顿在9年的试验中才明白了船身的大小决定了船的载重量，而船的载重量与选择多大动力的蒸汽机密切相关这一原理。

1807年8月，经过富尔顿精心设计的"克莱蒙特"号轮船终于出现在美国的哈得孙河上。它长45米，宽5米，还有高大的烟囱，船舷上装着蹼轮，这样奇形怪状的船当时谁也没见过，人们把它称作"富尔顿的蠢物"，料定它绝对不可能航行成功，就连富尔顿的父亲也阴沉着脸在一旁观看，一言不发。但富尔顿依然我行我素，他深信，只有成功才能证明一切。

8月17日，"克莱蒙特"号起航了，哈得孙河两岸挤满了观看的人群，不料航行了一会儿，"克莱蒙特"号就呼呼直响，不再前进了。这时两岸爆发出幸灾乐祸的嘲笑声、哄闹声，就连富尔顿的父亲也发出"嘘"的一声。富尔顿咬着牙一言不发地检查他的轮船。经过仔细的检查，富尔顿才发现，原来在机器的关键部位脱落了一个螺丝，富尔顿赶紧把这枚螺丝装上，"克莱蒙特"号航行成功了。

最终，富尔顿被世界公认为汽船的发明者。而他在发明汽船的过程中，在思想上战胜了多少不可能和面对了多少次失败，又有多少人知道？那种永不言败的精神和优良的心理素质，造就了近代伟大的发明家——富尔顿。

【心灵悟语】

人生没有达不到的高度，只有不敢攀登的心。林语堂先生讲过一句话："为什么世界上95％的人都不成功，而只有5％的人成功？因为在95％的人的脑海里，只有3个字'不可能'。"的确，大多数人常常被"不可能"3个字困扰，这3个字无时无刻不在侵蚀着他们的意志和理想，其实，这些"不可能"大多是人们的一种想象，只要能拿出积极的心态面对，那些"不可能"就会变成"可能"。如果你认为自己的愿望永远不可能实现，那它也永远只能是你的愿望；如果你相信愿望终会变成现实，那就没有什么不可能。不要在心里为自己设限，那将是你无法逾越的障碍。

人的潜能是巨大的，一个人只有具备积极的自我意识，才会知道自己是个什么样的人，并知道自己能够成为什么样的人，从而他才能积极地开发和利用自己身上的巨大潜能，将不可能的事变成可能，干出非凡的事业来。所以，我们要相信：只要不自我设限，就不会有任何限制；突破自我限制，任何事情都不能阻止自己。

潜能的力量

你能做到的，比想象的更多。

——佚名

日本一家报纸曾报道了一件事：一名日本妇女趁幼儿熟睡之际外出购物，返家途中，在巷口与人闲聊，这时家中的幼儿醒来寻母，遂爬上阳台呼叫，不幸小孩一失足从阳台上坠落下来，就在那一刹那，其母飞奔至楼下，奇迹般地接住了自己的孩子。按道理说3岁幼儿体重约15公斤，从5楼坠下，在重力加速度的作用下，在即将到达地面时的重量绝非常人所承受得了，况且这位母亲是个年近三十的妇女。这件事在日本引起了轰动。后来新闻界还专门请来举重运动员和赛跑运动员做了一个模拟实验，结果都无法成功地接住目标，也无法及时赶到出事地点。一个弱女子在紧急情况下，其运动技能的水平居然能远远超过训练有素的运动员。

类似的事件也曾在美国发生过。一位名叫史蒂文的美国人，他因一次

如何让孩子更出色
——孩子要养成的 7 种优点

意外导致双腿无法行走，已经依靠轮椅生活了20年。他觉得自己的人生没有了意义，喝酒成了他忘记愁闷和打发时间的最好方式。有一天，他从酒馆出来，照常坐轮椅回家，不料，却碰上3个劫匪要抢他的钱包。他拼命呐喊，拼命反抗，被逼急了的劫匪竟然放火烧他的轮椅。轮椅很快燃烧起来，求生的欲望让史蒂文忘记了自己的双腿不能行走，他立即从轮椅上站起来，一口气跑了一条街。事后，史蒂文说："如果当时我不逃，就必然会被烧伤，甚至被烧死。我忘了一切，一跃而起，拼命逃走。当我停下脚步时，我才发现自己竟然会走了。"现在，史蒂文已经找到了一份工作，他身体健康，能与正常人一样行走，并到处旅游。两条20年来无法动弹的腿，竟然于危在旦夕的关头站了起来。这不禁让我们产生疑问：到底是什么因素使史蒂文产生这种"超常力量"呢？显然，这并不仅仅是身体的本能反应，它还涉及人的内在精神在关键时刻所爆发出的巨大力量。著名作家柯林·威尔森曾说过："在我们的潜意识中，在靠近日常生活意识的表层的地方，有一种'过剩能量储藏箱'，存放着准备使用的能量，就好像存放在银行个人账户中的钱一样，在我们需要使用的时候，就可以派上用场。"

另一则故事是这样的，有两位年近70的老太太，一位认为到了这个年纪已算是人生的尽头，于是便开始料理后事；另一位却认为一个人能做什么事不在于年龄的大小，而在于自己的想法。于是，她在70岁之际开始学习登山。随后的25 年里一直冒险攀登高山，其中几座还是世界上有名的山峰。她95岁时登上了日本的富士山，打破了攀登此山的最高年龄纪录。她就是胡达·克鲁斯老太太。

【心灵悟语】

从上述的3个例子中，我们可以了解一个事实：那就是人的潜能是无穷。在这个世界上，没有不可能发生的事情。我们不要忽视任何人的力量，更不要忽视我们本身所具有的力量。在没有奇迹的地方也会有奇迹发生，那是因为很多人在平时很难看到自己内在的潜力，要相信，只要有激发潜力的因素，便会有奇迹发生。

生活中没有"能不能"，只有"要不要"。你真正想要的就放手去做，全力以赴，别管"能不能"。

学会自我激励

成功的关键在于相信自己有成功的能力。

——拿破仑·希尔

在18世纪，有100多名德国青年先后加入驾船横渡大西洋的冒险行动，但是这100多位青年均未生还。当时人们普遍认为，独身横渡大西洋是完全不可能的。这时，精神病学专家林德曼向世人宣布：他将独身横渡大西洋这一死亡之海。理由是，他想用自己做个实验，证明强化信心会激发人的潜能。

林德曼独舟出航十几天后，船舱进水，巨浪打断了桅杆。林德曼筋疲力尽，浑身像被撕成碎片一样疼痛，加上长期睡眠不足，开始产生幻觉，肢体渐渐失去知觉，在意识中常常出现死去比活着舒服的念头。但他马上对自己说："懦夫，你想死在大海里吗？不，我一定要战胜死亡之海！"在整个航行的日日夜夜里，他不断地对自己说："我能成功，我一定要成功！"这句激励的话，成为控制他意识的唯一意念，从而激发出无限的潜能。结果怎样呢？被人认为早已葬身鱼腹的他，却奇迹般地到达了大西洋彼岸。

林德曼只身横渡大西洋，给世人留下很多宝贵的经验，尤其值得记住的是，他发现了以前100多名先驱者遇难的真正原因：既不是船体的翻覆，也不是生理能力到了极限，而是由精神上的绝望导致的勇气和信心的破灭。

如何让孩子更出色
——孩子要养成的7种优点

【心灵悟语】

  的确,人处于即将崩溃的状态时,最需要的是激励。然而一个人最先听到的激励声音是来自于自己的心语。无论如何,没有其他人可以像你自己那样激励你自己。别人的激励是对你的支持,自我激励会带给你无穷的力量。

  自我激励,是一个人获得进取人生的内在动因。人的一切行为都是受到激励而产生的,通过不断自我激励,我们会产生一股内在的动力,朝向所期望目标前进,最终达到成功。事实表明,一个善于自我激励的人,总是能够发挥自身的潜能,创造出超越自己能力的奇迹;而一个不会自我激励的人,就算拥有良好的天赋,也无法挖掘出自己的潜力,甚至会走上绝路。美国哈佛大学的威廉·詹姆斯发现:一个没有受过激励的人,仅能发挥其能力的20%至30%,而当他受到激励时,其能力可发挥至80%至90%,即一个人被激励后,所发挥的作用相当于激励前的3至4倍。因此,只有学会了自我激励,才能不断地战胜自我,真正成为自己命运的主人。

培养优点小贴士:如何挖掘自身的潜能

  1.学会自我分析,反思自己

  要开发学习潜力就必须先分析认识自我的学习潜力,挖掘自身的优点,反思自己的不足,及时改进。

  2.学会自我暗示

  经常给予自己积极的暗示,提高自己的信心和勇气,这有助于我们发掘自己的潜能。进行自我暗示应在情绪稳定时,这样能在潜意识中产生信念。

  3.学会自我加压

  有压力才有动力,这样有利于自己不断进取,不断地向着更高的目标奋进。

4.从小事做起，在实践中激发潜能

人的各种潜能都是可以激发的。我们要不断学习，不断实践。并在此过程中勤于思考，多动手，多动脑。

不断进取，爱拼才会赢

保持进取心

一个人只有坚持不懈地追求目标，他才能达到目的。

——司汤达

约苏阿·荷尔曼出生在法国的穆尔豪斯，这里是阿尔萨斯棉纺业的中心。他的父亲就从事棉纺业的行当，荷尔曼15岁时就到父亲的办公室打杂。他在那儿干了两年，业余时间他就从事机械制图。后来，他到巴黎叔父的银行里当差两年，晚上他一人默默地学习数学知识。他家的亲属在穆尔豪斯开办了一家小型棉纺厂以后，他就师从迪索和莱伊两位先生，向他们学习工厂的运作知识。与此同时，他成了巴黎机械工艺学院的一名学生，他在那里听各种讲座，研究学院博物馆中陈列的各种机器。学习了一段时间之后，他回到了阿尔萨斯，指挥在维尔坦新建厂房中的机器安装，很快机器安装完成投入了运作。然而，工厂遭受了当时发生的一场商业危机的严重冲击后被迫停产，工厂不得不转手他人，这样，荷尔曼回到了他在穆尔豪斯的家中。

在这段时光里，他身体赋闲在家，但心却没有赋闲，他把自己的全部

如何让孩子更出色
——孩子要养成的 7 种优点

精力都投入到探索发明中。他最早的设计是绣花机，里面有20根针头同时工作。经过6个月的辛勤创造后，他成功地完成了他的目标。这项发明让他在1834年的巴黎博览会上获得了一枚金质奖章并被授予骑士勋章。荷尔曼在成功面前并不满足，他要向新的成功发起挑战。此后，他的各种发明接连而来。而最具创造性的设计之一是一种能同时织出两块天鹅绒布料或织出好几层布料的纺织机。

当然，他最具创新意识的发明成果是精梳机。因为原有的粗糙的梳棉机在调制原材料用以进行精细纺织方面效果不理想，特别是在纺织更好的纱线方面，更令人不满意，除了导致令人痛心的浪费外，还生产不出优质产品。为了克服这些弊端，阿尔萨斯的棉纺织业主们曾悬赏5000法郎寻求创新精梳机，荷尔曼于是开始着手去完成这项任务。其实，他并非是因为这5000法郎才去从事这一发明的，他从事这项发明纯粹是他个人的进取心所促使。他的一句格言是："一个老是问自己干这件事能给我带来多大收益的人是干不成大事的。"真正激发他的创造性的主要因素是他那作为发明家所天生具有的不可遏制的冲动。然而，在精梳机的发明过程中，他所遭遇到的重重困难是他始料未及的。光是对这个问题的深入研究就花去他好几年的时光，与发明活动有关的开销是那么庞大，他的财富很快就耗费一空。他陷入了贫困的深渊，再也无力从事改善他的机器的工作了。从那时起，他主要仰仗朋友的帮助来从事发明活动。

当他还陷在穷困的泥潭之中苦苦挣扎之时，他的妻子离开了人世，他一度沉浸在痛苦之中。不久，荷尔曼去了英国，在曼彻斯特待了一段时间。在那里，他仍不气馁，继续辛勤地从事他的发明活动。后来，他返回法国看望自己的孩子。其间，他仍然不停地从事把设想转化为现实成果的活动，他的全部精力都花在这上面了。一天晚上，当他坐在炉边沉思着许多发明家所遭受的艰辛以及因为他们的追求而给家人所带来的不幸时，他无意之中发现他的女儿们在用梳子梳理她们那长长的头发，一个念头突然在他的脑海里产生了：如果一台机器也能模仿这种梳发过程，把最长的线梳理出来，而那些短线则通过梳子的回旋把它们挡回去，利用这样的原理或许可以制造出精梳机。这一发生在荷尔曼生活中的偶然事件被画家埃尔默先生创作成了一幅美丽的油画，并在1862年举行的皇家艺术展览会上展出。

在这一观念的指导下荷尔曼开始努力进行设计。之后，他创造出了一种理论上简单但在实际创造中却复杂的机器梳理工艺技术，在对它进行了巨大的改进工作后，他成功地发明了精梳机。这种机器工作性能的妙处只有那些亲眼看见过它工作的人才能领略到。它的梳理过程同梳理头发的过程是相似的，荷尔曼正是根据这一相似性发明了精梳机。该机器被描述为"几乎能以人的手指的敏感性来进行活动"。我们从荷尔曼的发明过程中，可以领略成功所包含的艰难和曲折，但是我们更敬佩荷尔曼那坚韧不屈、一往无前的进取精神。正是这种精神才使我们的世界在创造中不断地展现出动人的魅力。

【心灵悟语】

进取心是一种不断要求上进、立志有所作为的心理状态。在生活中，有进取心的人，往往有理想、有志气，积极肯干，不怕困难。进取心是人生支柱，生命的辉煌在于不断地进取。有了进取心，你才会奋发向上、百折不挠；有了进取心，你才会披荆斩棘；有了进取心，你才会求新求好。

进取心，实际就是一种生活目标，一种人生理想。你现在没有成功、没有地位、没有财富，都无关紧要，只要你有进取心，有把进取心贯彻到底的毅力，那么你站在金字塔的塔顶的时候就指日可待了。

如何让孩子更出色
—孩子要养成的 7 种优点

争坐第一排

无愧于有理性的人的生活，必须永远在进取中度过。

——塞·约翰逊

20世纪30年代，在英国一个不出名的小镇，有一个叫玛格丽特的小姑娘，自小就受到严格的家庭教育。父亲经常对她说："孩子，你永远都要坐在前排。"父亲极力向她灌输这样的观点：无论做什么事情都要力争一流，永远走在别人前头，而不能落后于人。"即使是坐公共汽车，你也要永远坐在前排。"父亲从来不允许她说"我不能"或者"太难了"之类的话。

对年幼的孩子来说，他的要求可能太高了，但他的教育在以后的日子里被证明是非常有用的。父亲的"残酷"教育增强了玛格丽特的信心。在以后的学习、生活和工作中，她时时牢记父亲的教导，总是抱着一往无前必胜的信念，尽自己最大的努力克服一切困难，做好每一件事情，事事必争一流，以自己的行动实践着"永远坐在前排"。

玛格丽特在学校里永远是最勤奋的学生。她以出类拔萃的成绩顺利地升入当时令所有学生所向往的文法中学。

在玛格丽特满17岁的时候，她开始明确自己的人生目标——从政。然而，那个时候，进入英国政坛要有一定的党派背景。她出生于支持保守党派的家庭，要想从政，必须要有正式的保守党关系，而当时的牛津大学就是保守党派最大俱乐部的所在地。因此玛格丽特想进入牛津大学学习。由于她上学时受化学老师影响很大，同时大学学习化学专业的女孩子比其他任何专业都少得多，竞争不是很激烈，因此玛格丽特想进牛津大学学习化学专业。

于是，她勇敢地走进校长吉利斯小姐的办公室说："校长，我想现在就去考牛津大学的萨默维尔学院。"

女校长难以置信，说："什么？你这个决定是不是欠缺考虑？你现在一点拉丁语都不会，怎么去考牛津？"

"拉丁语我可以自学掌握！"

"你才17岁，而且你还差一年才能毕业，你必须毕业后再考虑这件事。"

"我可以申请跳级！"

"绝对不可能，而且，我也不会同意。"

"你在阻挠我实现理想！"玛格丽特头也不回地冲出校长办公室。

回家后她的想法得到了父亲的支持，于是她开始了艰苦的复习备考工作。她提前几个月就得到了高年级学校的毕业证书，于是她参加了大学考试，并如愿以偿地收到了牛津大学萨默维尔学院的入学通知书。于是，玛格丽特离开家乡到牛津大学去了。

上大学时，学校要求学5年的拉丁语。她凭着自己顽强的毅力和拼搏精神，在一年内全部学完了，并取得了优异的成绩。其实，玛格丽特不光是在学业上出类拔萃，在体育、音乐、演讲等方面也颇富才能。所以，她所在学校的校长这样评价她说："她无疑是我们建校以来最优秀的学生之一，她总是雄心勃勃，每件事情都做得很出色。"

40多年以后，这个当年不断追求人生理想的姑娘终于得偿所愿，成为英国乃至整个欧洲政坛上一颗耀眼的明星。她就是连续4年当选保守党党魁，并于1979年成为英国第一位女首相，雄踞政坛长达11年之久，被世界政坛誉为"铁娘子"的玛格丽特·撒切尔夫人。

【心灵悟语】

"永远都要坐前排"是一种积极进取的表现，它能激发你一往无前的勇气和永争第一的精神。有了这种精神，就能在生活和事业上不断给自己提出新的目标，并为实现目标而不断努力。玛格丽特的故事就是一个很好的证明。从现在开始，试着让自己坐在前排。当然，坐前面会比较显眼，受人瞩目，这会令一个自信心不足的人感到很不自然、很不舒服。但要记住，有关成功的一切都是显眼和被人瞩目的。

"永远都要坐前排"，既是一个人对生活的态度，也是时代的要求。新时代的青少年，应该朝气蓬勃、积极向上，在前进的道路上不断给自己设定新的奋斗目标，并为实现目标顽强拼搏，克服一切困难，做一个有所作为的接班人。

不满足现在

上进心是人的唯一标志，不是上帝的，也不是动物的。

——罗·勃朗宁

齐白石是我国20世纪著名画家和书法篆刻家。他早年随叔父从事木匠工作，后靠着自学成为画家，并荣获"世界和平奖"。然而，他始终不满足于已经取得的成就，不断汲取历代名画家的长处，改变自己作画的风格。他60岁以后的画在风格上，明显不同于60岁以前的。70岁以后，他的画风又变了一次。80岁以后，他的画风再度变化。据说，齐白石一生中，画风至少变了5次。他即使已80岁高龄，还每日绘画不辍。有时，来了客人或他身体不适，不能作画，过后他也一定会补上。正因为齐白石在成功之后仍然不满足，所以他晚年的作品比早期的作品更为成熟。

【心灵悟语】

一个人只有具备进取心，才能不安于现状和不满足于已经取得的成绩，并不断朝着新的目标前进。我们只要有进取心，就可以充分挖掘自己的潜能，实现人生的价值。

成功的动力来自不满足，这是所有成功者的共有特点。如果有了一点点成就满足了，那我们将裹足不前。不满足就表示你需要更加努力，这种不满足可以催促你向着好的方面前进。

在生活中，人只有不满足于自己的现状，才会有动力去改变自己。不满足是前进的动力，有了这个动力，你就能够克服所有的困难，不断提升自己，不断改变自己，进而实现自我价值。

挑战自我

在大多数情况下，进步来自进取心。

——塞涅卡

威廉·怀拉是美国职业棒球明星，40岁时因体力不济而告别体坛另找出路。他觉得，凭自己的知名度去保险公司应聘推销员不会有什么问题。可结果却出乎意料，人事部经理拒绝道："吃保险这碗饭必须笑容可掬，但您做不到，无法录用。"

面对冷遇，怀拉没有打退堂鼓，而是决心像当年初涉棒球领域那样从头开始。首先是学会"笑"。由于天天要在客厅里放开声音笑上几百次，邻居产生了误解：失业对他刺激太大，怀拉神经出了问题。为了不干扰邻居，他只好把自己关进厕所里练习。

过了一个月，怀拉跑去见经理，当场展现笑脸。然而得到的却是冷冰冰的回答："不行！笑得不够好。"

怀拉生来就有一股犟脾气，他回到家继续苦练。一次，他在路上遇见一个熟人，非常自然地笑着打招呼。对方惊叹道："怀拉先生，一段时日不见，您的变化真大，和以前判若两人！"

听完熟人的评论，怀拉充满信心地再次去拜访经理，笑得很开心。

如何让孩子更出色
——孩子要养成的 7 种优点

　　"您的笑有点意思了。"经理指出，"然而还不是真正发自内心的那一种笑。"

　　怀拉不气馁，再接再厉，最后终于如愿以偿，被保险公司录用。这位昔日的棒球明星严肃冷漠的脸庞上，终于绽放出了发自内心的笑容。那笑容是那样天真无邪，那样讨人喜欢，令顾客无法抗拒。正是靠这张后天苦练出来的笑脸，怀拉成了全美推销保险的高手，年收入突破百万美元。

【心灵悟语】

　　人生是一个不断发展、不断超越自我的过程，而只有那些在这个过程中不断挑战自我的人，才是真正的胜者。

　　挑战自我是生命的要求。人活在世上，不能只贪图安逸享受。慵懒自私的人，永远也享受不到人生的真正乐趣。只有努力创造，全力拼搏，不断超越，我们才能在激烈的竞争中占有自己的位置，使生命绽放出耀眼的光芒。

　　人这一辈子究竟有多少对手，我们恐怕难以计数。但有一个对手，我们必须要认清，那就是我们自己。我们只有辨清自己，彻底战胜自己，才能把双脚踏在成功的跳板上。

培养优点小贴士：如何做一个不断进取的人

　　1.制定目标

　　目标是人生的方向，有了目标，人生就有了奋斗的方向，也就有了进取的动力。

　　2.永不满足

　　人类的所有愿望，都始于不满足。有不满足，才有愿望，有愿望才会产生行动。当今社会是一个竞争的社会，你满足，别人不停地奋斗、开拓、进取，那么，即使你原先的条件比别人优越，也会被别人超越。所以，成功属于那些不容易满足并不懈努力的人。

3.克服惰性

惰性是我们成就事业的腐蚀剂，是一把刀子，是扼杀进取心的强大力量。惰性不是天然形成的，它是贪图安逸和享受的产物，也是游手好闲、虚度时光的结果，我们要想成功就必须克服这个"顽敌"。

4.克服困难

无论做什么事情，总会遇到困难，而困难有时会击败人的进取心。因此，面对困难，我们应坚决挺住，顽强的拼搏，决不退却。

5.进行自我心理暗示

不断对自己进行正面心理强化，避免对自己进行负面强化。当你碰到困难时，一定不要放弃。要坚持对自己说："我能行！""我很棒！""我能做得更好！"等等。重复对自己说有信心的词语，是一种很重要的自我正面心理暗示，这有利于我们不断提升自己的自信心和进取心。